ŒUVRES

DE

M. DE FLORIAN.

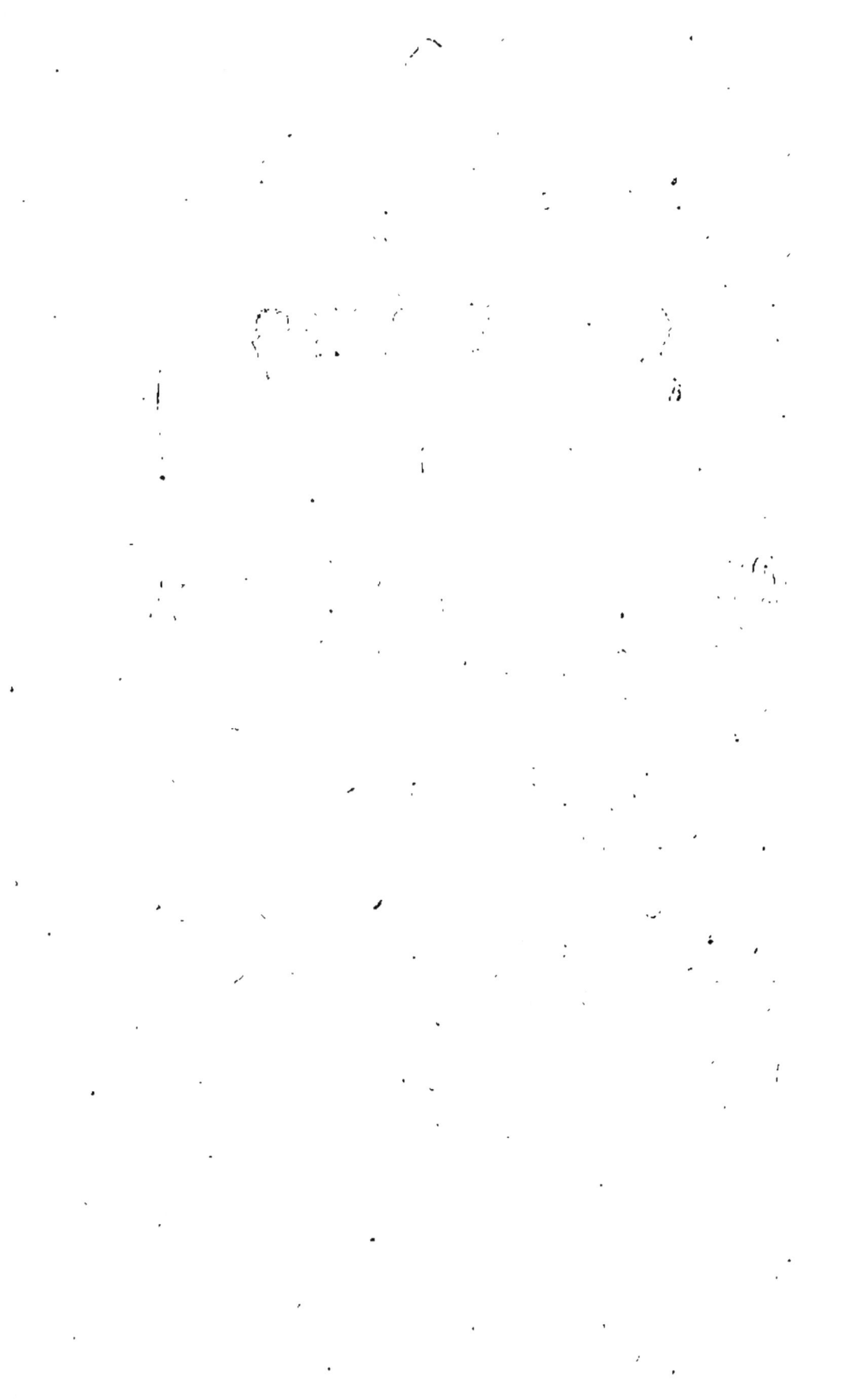

THÉATRE

DE M. DE FLORIAN,

DE L'ACADÉMIE FRANÇAISE, DE CELLES
DE MADRID, FLORENCE, etc.

TOME PREMIER.

C'est là tout mon talent : je ne sais s'il suffit.
LA FONTAINE.

A LYON,

Chez AMABLE LEROY, Imprimeur-Libraire.

1810.

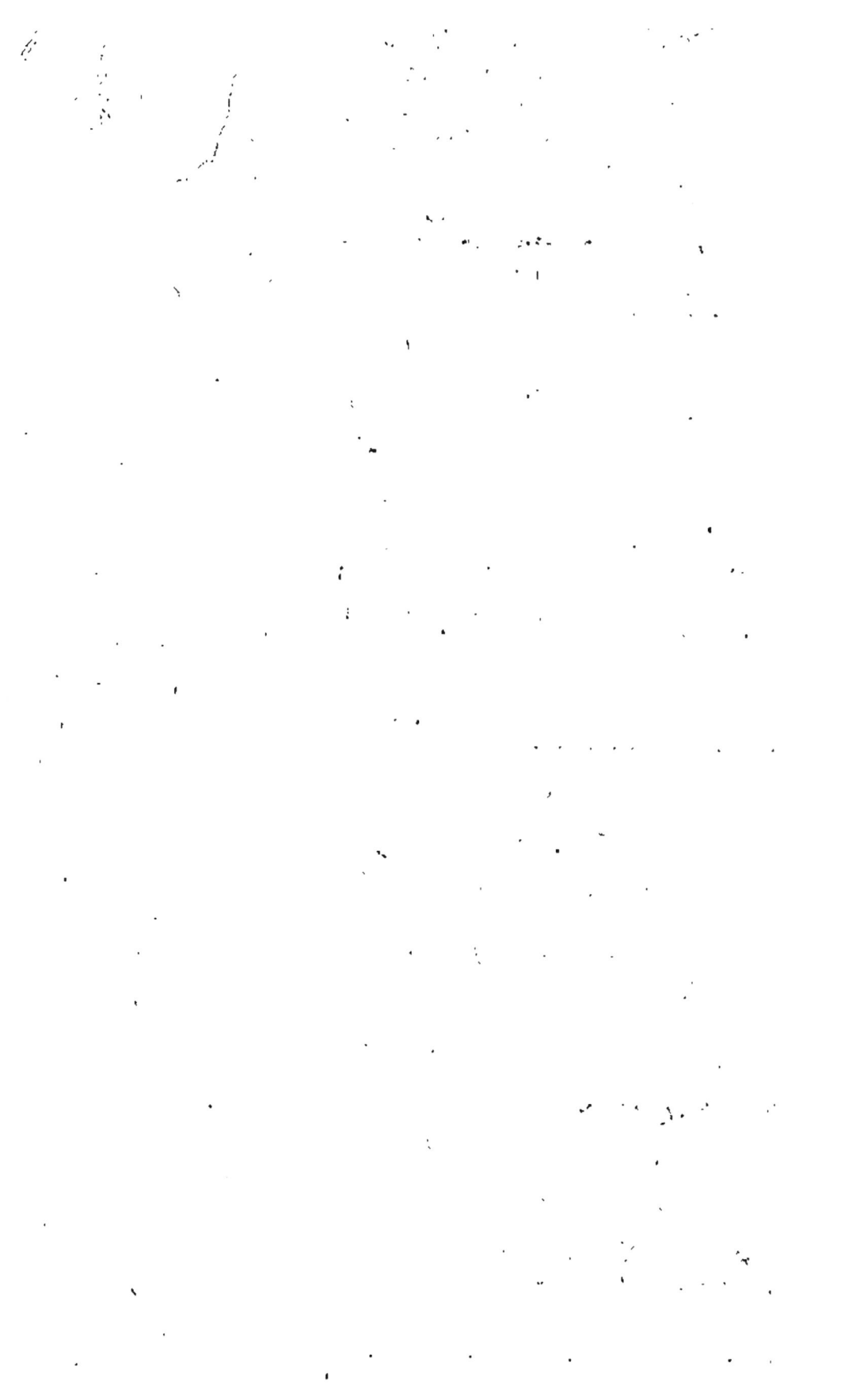

AVANT-PROPOS.

En donnant au Public le Recueil de mes Comédies, je me garderai bien de le faire précéder de réflexions sur la Comédie. Ce seroit d'abord risquer d'ennuyer ; ensuite je serois sûr de me nuire : car de deux choses une : ou je prouverois que je suis un ignorant, et personne ne gagneroit à cette découverte, ou je me montrerois fort instruit, et l'on m'en trouveroit plus coupable d'avoir fait des pièces si imparfaites, en sachant si bien comment on les fait bonnes. Je ne veux donc parler ici que du genre que j'ai adopté, dire les raisons qui m'y ont engagé, et relever les fautes que je n'ai pas évitées.

A 3

Pour bien distinguer ce genre, il faut dire un mot des autres : il faut répéter, ce que l'on sait déjà, que la Comédie de caractère est sans contredit le plus beau, le plus utile, le plus difficile de tous les Drames. Quel travail que celui d'étudier jusqu'aux plus petits traits de l'homme qu'on veut peindre ! de fouiller dans les replis de son cœur, d'y surprendre ses sentimens les plus cachés ; et d'imaginer ensuite des situations où, dans l'espace de deux heures, tous ces traits, tous ces sentimens, soient développés, en amusant, en intéressant toujours deux mille personnes rassemblées au hasard, et très-indifférentes à l'affaire dont il s'agit ! Un tel Ouvrage, quand il est parfait, me semble le chef-d'œuvre de l'esprit humain.

Mais ce chef-d'œuvre, en tous les temps si difficile, l'est peut-être aujourd'hui plus que jamais. Quand il naîtroit un second Molière, merveille que la nature ne produira plus vraisemblablement, pourroit-il se flatter d'égaler le premier ? trouveroit-il des sujets tels que le Misanthrope, le Tartuffe, l'Avare ? Je ne le crois pas. Les caractères qui restent à traiter me semblent petits auprès de ces grands modèles. Je juge au moins qu'ils doivent être peu saillans, par la peine qu'on a de leur trouver même un nom.

On pourroit donc penser qu'il ne reste plus à peindre que des demi-caractères ; encore les modèles en sont-ils rares. C'est dans le monde qu'il faut les chercher; et j'ai cru remarquer que dans le monde on se ressembloit un peu. Le grand précepte : *Il faut être comme les autres*, qui fait la base de nos éducations, met une assez grande conformité dans les mœurs, dans les actions, dans le langage de ceux qui composent la société. Chaque âge, chaque état, a ses idées, son ton, ses manières convenues : on les prend sans s'en apercevoir ; et les formules, les devoirs d'usage, l'obligation de parler lorsque l'on ne voudroit rien dire, l'habitude de traiter comme des amis ceux dont on ne se soucie guère, enfin la monotonie de la politesse, si l'on peut s'exprimer ainsi, éteignent le naturel et font disparoître les nuances des caractères. Tout n'en est peut-être que mieux; et il faut bien que cela soit, puisque l'on est si heureux dans le monde. Je ne prétends point ici m'ériger en censeur; je veux dire seulement que j'ai trouvé un peu de ressemblance entre ce qu'on appelle le monde et le bal de l'Opéra. C'est assurément un lieu enchanteur, on y fait infiniment d'esprit, on y voit de très-jolis masques; mais un peintre seroit peut-être embarrassé d'y trouver une physionomie.

D'après ces réflexions, bonnes ou mauvaises et auxquelles je

n'attache aucune prétention , j'aurois renoncé à la Comédie de caractère quand bien même j'en aurois eu le talent : car le talent ne
suffit pas ; c'est du sujet que dépend
le sort d'une pièce. Si cela n'étoit
pas vrai , nos grands hommes n'au-
roient fait que des chefs-d'œuvre.

Peut-être aussi , et je le croi-
rois bien , mon impuissance m'a-
t-elle rendu mes raisons meilleures.
J'en conviendrai volontiers à chaque bonne Comédie de caractère
que l'on nous donnera : le plaisir
qu'elle me fera éprouver sera bien
plus vif que le chagrin de me dé-
dire. Mais en attendant je croirai
qu'il ne reste plus à traiter que
la Comédie de sentiment et la Comédie d'intrigue.

Ces deux genres me semblent
inépuisables. Avec de l'esprit et
de la sensibilité, on trouvera toujours des situations, des intérêts
nouveaux. Les vices, les travers,
sont bornés; mais les passions
sont un champ immense.

J'entends par la Comédie de sentiment, celle que La Chaussée fera
vivre à jamais, malgré les épi-
grammes de ses ennemis; celle qui
met sous les yeux du Spectateur
des personnages vertueux et per-
sécutés; une situation attachante
où la passion combat le devoir,
où l'honneur triomphe de l'intérêt;
celle enfin qui sait nous instruire
sans nous ennuyer, nous attendrir sans nous attrister; et qui fait
couler ces douces larmes, le pre-

mier besoin d'un cœur sensible.

La Comédie d'intrigue, qui porte sur la même base que la Comédie de sentiment, l'intérêt, emploie des moyens tout différens. Un vieillard amoureux ; un rival ridicule ; des valets adroits ; des dangers sans cesse renaissans dont on se tire à force de ruses ; et sur-tout des méprises, moyen toujours sûr au théâtre : voilà par quels ressorts elle égaie le Spectateur, l'intéresse assez pour l'amuser, et le faire rire des malheurs qui peuvent lui arriver le lendemain.

La réunion de ces deux genres seroit sans doute un bon Ouvrage ; mais cette réunion est extrêmement difficile. Presque toujours le comique nuit à l'intérêt, et l'intérêt

térêt exclut le comique. J'ai cru
pourtant qu'il n'étoit pas impossible de les allier. J'ai pensé que
le sentiment et la plaisanterie pouvoient tellement être unis, qu'ils
fussent quelquefois confondus, que
le spectateur s'égayât et s'attendrît
dans le même instant ; en un mot,
que le même personnage fît rire
et pleurer à-la-fois. Pour cela
j'avois besoin d'Arlequin.

Ce caractère est le seul peut-
être qui rassemble l'esprit et la
naïveté, la finesse et la balour-
dise. Arlequin, toujours bon, toujours facile à tromper, croit tout
ce qu'on lui dit, donne dans tous
les piéges qu'on lui tend : rien ne
l'étonne, tout l'embarrasse ; il n'a
point de raison, il n'a que de

1. B

la sensibilité ; il se fâche, s'a-
paise, s'afflige, se console dans
le même instant : sa joie et sa douleur sont également plaisantes. Ce
n'est pourtant point un bouffon ;
ce n'est pas non plus un personnage sérieux : c'est un grand enfant ; il en a les graces, la douceur, l'ingénuité : et les enfans
sont si aimables, que j'ai cru mon
succès certain si je pouvois donner à cet enfant toute la raison,
tout l'esprit, toute la délicatesse
d'un homme.

Delisle et Marivaux en avoient
déjà tiré un grand parti. Le premier a fait de son Arlequin un
philosophe de la nature, qui voit
les objets tels qu'ils sont, s'ex-
prime simplement, mais avec éner-

gie, et fait toujours rire en rai-
sonnant juste.

Marivaux, ce grand anatomiste
du cœur humain, qui, pour avoir
voulu tout dire, n'a pas toujours
dit ce qu'il falloit; Marivaux a
fait des Arlequins moins naturels,
moins philosophes que ceux de Delisle ; mais plus délicats, plus aimables, et qui, à force d'esprit,
rencontrent quelquefois la naïveté.

Je n'ai voulu copier ni Marivaux, ni Delisle. Cela ne m'auroit pas été facile : l'un avoit plus
d'esprit, l'autre plus de profon-
deur que moi. J'ai voulu peindre
un Arlequin bon, doux, ingénu,
simple sans être bête, parlant pure-
ment, et exprimant avec naïveté
les sentimens d'un cœur très-ten-

dre. Une fois ce caractère établi, non d'après les Auteurs qui s'en étoient servis avant moi, mais d'après mes idées particulières, j'ai cherché des intrigues qui pussent m'aider à le développer. J'étois presque sûr que mon Héros étoit intéressant ; son masque et son habit le rendoient comique. Il ne falloit plus que trouver des situations attachantes, et je devois faire rire et pleurer : il reste à savoir si j'y suis parvenu.

J'osai risquer pour la première fois sur le théâtre, en 1779, l'Arlequin que je m'étois créé. Il y avoit alors plus de vingt ans que la Comédie italienne avoit abandonné les pièces de Marivaux et de Delisle, pour des canevas

italiens que les Acteurs remplis-
soient à leur gré. J'osai tenter de
rappeler un genre oublié. Je fis
représenter par des Acteurs italiens
une pièce toute française, LES
DEUX BILLETS. Elle réussit ;
quoiqu'elle ne fût pas jouée par le
célèbre Carlin, Acteur à jamais re-
commandable par ses graces, par
son naturel, et à qui peut-être il
n'a manqué que de la mémoire pour
être le premier des Acteurs comi-
ques.

D'après ce succès qui m'encou-
ragea, d'après une chute qui m'é-
claira (1), je voulus donner à

_____

(1) Arlequin roi, dame et valet, tombé
le 5 Novembre 1779, jeté au feu le 6 du
même mois.

B 3

toutes mes pièces un but de morale et d'utilité. Cette idée n'avoit
rien de neuf : car toutes les bonnes Comédies sont ou doivent être
morales. Mais avec le personnage
que j'avois choisi, je ne pouvois
pas développer de grands travers,
ni prétendre à corriger les hommes en leur montrant leurs vices
ou leurs ridicules : j'essayai du
moins de les exciter à la vertu,
en leur rappelant combien elle est
aimable, combien elle donne de
vrais plaisirs. Je voulus sur-tout
leur présenter le tableau de ces
vertus familières, de ces vertus de
tous les jours ; les plus utiles, peut-
être, les plus nécessaires au bonheur : car, ce ne sont pas, ce me
semble, les grands préceptes de

la morale et de la philosophie, que
l'on trouve à mettre en pratique
le plus souvent. On est rarement
dans le cas de sacrifier à son
devoir, à la patrie, à l'honneur,
son repos, sa fortune, sa vie;
mais on est tous les jours obligé
d'être un bon fils, un bon époux,
un bon père.

Voilà les vertus dont je voulus
essayer de donner des modèles,
en amusant ceux à qui je les pré-
sentois. J'avois déjà peint le dé-
sintéressement du véritable amour:
je tentai de peindre le bonheur de
deux époux bien unis, et de prouver qu'il ne faut jamais soupçon-
ner un cœur que l'on connoît vertueux. Je voulus ensuite présenter le tableau d'un père qui adore

sa fille , et qui voit sa tendresse récompensée par la confiance la plus entière ; celui d'une mère sage , qui se sacrifie elle-même pour rendre sa fille au bonheur; enfin celui d'un fils vertueux et sensible , qui immole sa passion à sa mère.

Tels sont les sujets des DEUX BILLETS , du BON MÉNAGE , du BON PÈRE , de LA BONNE MÈRE , et du BON FILS. Les trois premières pièces forment , pour ainsi dire, le roman de mon Arlequin mis en action dans les trois états de la vie les plus intéressans ; ceux d'amant , d'époux, et de père. En lui conservant toujours son caractère original, je l'ai fait parler différemment dans ces trois Comédies ; parce que ses affections et son âge sont différens.

Dans LES DEUX BILLETS, Arlequin est très-jeune et amoureux. Il a plus d'esprit que dans les deux autres pièces , par la raison qu'il est amoureux , et que l'amour, qui ôte souvent l'esprit à ceux qui en ont , en donne infiniment à ceux qui , comme Arlequin , ne savent ce que c'est. Quant à sa façon d'aimer, elle est peinte dans la pièce. Le succès qu'elle a eu, ne m'a point aveuglé sur le défaut du dénouement. Le billet de loterie devroit rentrer dans les mains de son vrai maître par un moyen plus ingénieux que celui dont se sert Argentine : je le sais , et j'avoue en toute humilité que je n'ai pu en trouver un autre.

Dans le bon Ménage, Arlequin est marié depuis long-temps. Il adore sa femme : mais cet amour, le meilleur de tous, fondé sur l'estime et la confiance, doit être aussi tendre et moins galant que celui des deux Billets. Aussi ai-je tâché de rendre le dialogue plus simple et plus naturel. Arlequin joue avec ses enfans, et cause avec sa femme ; l'esprit n'a rien à faire là. Deux époux, bien unis, bien sûrs l'un de l'autre, ne se font pas des madrigaux; ils sont mutuellement, et sans avoir besoin de s'en avertir, l'objet constant de toutes leurs actions, de toutes leurs pensées : mais ils ne parlent point d'amour, cela va sans dire ; ils s'aiment, puisqu'ils existent.

Quelques personnes ont trouvé
mauvais qu'Arlequin pardonnât à
sa femme, avant qu'elle ait prouvé
son innocence. Si c'est un défaut,
on doit m'en savoir d'autant plus
mauvais gré, que c'est pour ce
défaut que j'ai fait la pièce.

Le bon Père est écrit d'un style
plus élevé que celui des deux autres Comédies ; et je dois m'en
justifier. Arlequin est devenu
riche ; il vit à Paris dans la bonne
compagnie ; un homme de condition veut épouser sa fille : il est
impossible qu'il n'ait pas pris un
peu du ton de ceux qui l'entou-
rent. Il n'a plus son habit, il n'a
que son masque : j'ai tâché de
ne lui conserver de son ancien

langage, qu'en proportion de ce qui lui restoit d'Arlequin.

Le grand défaut de ce petit Ouvrage, c'est qu'Arlequin ne fasse point d'action principale qui caractérise précisément un bon père. Il pourroit s'appeler tout aussi bien L'HONNÊTE HOMME ; et le dénouement justifieroit mieux ce dernier titre. J'en conviens : et j'ai tâché de réparer cette faute en multipliant les détails de tendresse paternelle; en représentant un père toujours occupé de sa fille, ne parlant que de sa fille, ne pouvant être heureux que du bonheur de sa fille. Je n'ose pas ajouter qu'un grand sacrifice, un beau trait d'amitié paternelle, est peut-être moins difficile, et caractérise moins

un

un bon père , que cette habitude
continuelle de sollicitude et de
tendresse.

Le rôle d'Arlequin dans LA
BONNE MÈRE est bien moins con-
sidérable que ceux dont je viens
de parler. J'ai craint qu'il n'atti-
rât trop l'attention qui doit se porter sur la bonne mère. J'ai été
un peu gêné dans les détails de
tendresse que j'ai donnés à cette
bonne mère , parce que j'avois
déjà fait le bon père ; et que la
ressemblance de ces deux caractères , en devoit mettre nécessaire-
ment dans l'expression de leurs sentimens. Aussi ai-je bien senti que
Mathurine n'a pas, dans ses scènes avec Lucette , autant d'amour,
de douceur, d'épanchemens ten-

F. C

dres, que le bon père avec Nisida; ce défaut est peut-être racheté par la belle action de Mathurine : de sorte qu'elle ne fait qu'agir, et le bon père ne fait que parler. Chacun des deux Ouvrages a son défaut, que l'on verra bien sans que je le dise; mais j'aime mieux le dire le premier.

Dans LE BON FILS, il n'y a point d'Arlequin ; parce que la situation du bon fils, obligé de choisir entre sa mère et sa maîtresse, forcé de sacrifiér l'une à l'autre, semble exclure de son rôle toute espèce de comique. Non-seulement il ne faut pas que le bon fils rie, mais il ne faut pas qu'il fasse rire un moment. L'intérêt est, ce me semble, trop vif,

trop grand, pour admettre le moindre comique. Dès-lors, il est nécessaire de bannir toute idée d'Arlequin, qui, dans quelque situation qu'on le place, doit toujours
au moins faire sourire.

J'avoue que le grand défaut du
BON FILS est ce manque de comique : j'ai tâché d'y suppléer par
le rôle de Thibaut. J'avoue encore que je me suis consolé d'avoir
fait, sans Arlequin, une Comédie
en trois actes, où j'ai tâché de
donner un modèle de la première
vertu que l'on met en usage dans
le monde. J'y ai trouvé encore le
plaisir de rassurer quelques personnes qui, me voyant toujours
faire des pièces avec un Arlequin,
craignoient (par amitié pour moi)

que je ne pusse jamais faire autre
chose ; et affectoient, pour me
ramener au bon goût, d'appeler
mes pièces, des Arlequinades. Un
intérêt si tendre méritoit bien que
je prisse la peine de faire une Comédie sans Arlequin. J'aurois eu
d'autant plus mauvaise grace à leur
refuser cette complaisance, que
LE BON FILS est, de tous mes
Ouvrages, celui qui m'a le moins
coûté.

Afin de compléter ce petit cours
de morale, j'ai voulu faire une
pièce pour des enfans. J'ai pris
mon sujet dans M. Gessner ; et
le nom de cet aimable Auteur m'a
rendu ce sujet plus doux que si
je l'avois inventé. J'ai eu grand
soin de faire imprimer à la tête de

ma Pastorale, la charmante Idylle qui me l'a fournie. J'ai été fier de mêler dans mes Ouvrages un Ouvrage du chantre d'Abel. Il m'a semblé que cette Idylle porteroit bonheur à mon Recueil, et qu'une simple fleur du jardin de M. Gessner suffiroit pour parfumer tout mon bouquet.

J'ai encore eu un autre espoir en faisant cette petite Pastorale. Je me suis flatté que, dans ces familles bien unies que j'ai toujours en vue lorsque je travaille, les enfans de la maison joueroient MYRTIL ET CHLOÉ à la fête de leur mère, à la convalescence de leur père. Cette idée m'a réjoui, parce que j'aime les enfans, et j'aime les fêtes de familles. Je suis

C 3

sûr, d'avance, que le jeu de ces
aimables acteurs, la circonstance,
l'émotion d'un cœur paternel, ef-
faceront tous les défauts de mon
petit Ouvrage ; et la certitude qu'il
fera couler des larmes, a suffi pour
me rendre chère cette bagatelle,
qui ne vaut pas la peine d'être exa-
minée.

JEANNOT ET COLIN fut mon
premier Ouvrage, quoique LES
DEUX BILLETS aient été joués
avant cette pièce. Si je la faisois
aujourd'hui, ce ne seroient point
Colin et Colette qui paroîtroient
les premiers pour annoncer Jeannot ; ce seroit au contraire Jeannot
qui annonceroit Colin et Colette :
parce que ces derniers sont les
plus intéressans, et que leur ar-

rivée, qui ne fait point d'effet,
puisqu'on ne les connoît pas , en
feroit beaucoup si l'on avoit parlé
d'eux. J'amènerois sur la scène
tous les personnages , tous les
tableaux dont ce sujet est suscep-
tible ; je tâcherois de peindre les
faux amis , les flatteurs , les par-
venus ; enfin, je suivrois mieux le
conte dont je me suis trop écarté.
Mais , dans le temps où j'ai fait
cette pièce , je n'y voyois que
Colin et Colette ; je regardois
comme inutiles toutes les scènes
où je ne parlerois pas d'amour ou
d'amitié. Au lieu d'une bonne Comédie , qu'un homme plus savant
que moi auroit faite , je ne voulois écrire qu'un petit Drame tou-
chant. Heureusement je pleurois

en travaillant ; quelques Specta-
teurs ont pleuré à la représenta-
tion, et ma pièce a été sauvée.
L'attachement qu'on a toujours
pour son premier Ouvrage m'a
empêché d'y retoucher. Je n'en
applaudirois pas moins à celui qui
traiteroit ce sujet d'une manière
plus digne du conte.

La ressemblance parfaite de
deux Arlequins m'avoit toujours
semblé un joli sujet de Comédie.
L'ancienne pièce des deux Arlequins, de Le Noble, m'encou-
rageoit à la faire ; mais les Ménechmes m'effrayoient. Je pris le
parti de réduire ma Comédie à un
acte, pour éviter toutes les situations qui se trouvent dans les
Ménechmes ; j'observai scrupu-

leusement de couper toutès les
scènes qui pouvoient ressembler
à celles de Regnard : et cela n'a
pas empêché de dire que j'avois
copié les Ménechmes.

Ce n'est point là le défaut de
cette petite Comédie , qui péche
plutôt par le manque d'intrigue.
Comme ce reproche est grave , je
ne veux point en trop parler. D'ailleurs, de toutes mes pièces , celle
des JUMEAUX DE BERGAME a le
plus réussi ; et je n'ai garde d'appeler du jugement du Public..

J'ai voulu faire un Mélodrame ;
et je crois avoir bien choisi le sujet d'HÉRO ET LÉANDRE. Ovide
m'a fourni plusieurs traits ; c'est
le seul mérite de cette bagatelle.

Je ne détaillerai point les défauts du BAISER, et de BLANCHE ET VERMEILLE, parce qu'on leur en a trouvé beaucoup. La Féerie et la Pastorale ne sont plus de mode; et l'on a raison de rejeter un genre trop éloigné de la nature. Plus j'ai senti les défauts de ce genre, plus je me suis attaché à les soutenir par le style. Le temps et le travail n'y ont pas été épargnés. J'ai refait LE BAISER en trois, en deux, en un acte; en Opéra comique, en Comédie. J'ai donné Blanche et Vermeille en prose, je l'ai remise en vers. Ces deux pièces n'en sont peut-être pas meilleures; mais je les joins à ce Recueil, parce que l'enfant que l'on chérit le mieux est toujours celui qui a pensé mourir.

Les Ouvrages dont je viens de parler, composent tout mon petit Théâtre. Le rôle d'Arlequin le rend plus difficile qu'un autre à représenter dans les provinces, où presque toutes les troupes manquent d'Arlequin. Quoique ce rôle perde beaucoup sans l'habit et sans le masque, on peut cependant le remplacer par un Lubin semblable à celui de la SECONDE SURPRISE DE L'AMOUR. C'est à peu près le même caractère : et l'expérience en a été faite dans plusieurs villes, où tous mes Arlequins ont été joués avec succès par des Lubins. On auroit encore moins de peine à faire du Bon Père, un bon bourgeois qui s'appelleroit M. Mondor.

C'est à ce court Recueil que

je borne ma carrière dramatique.
Je la trouve trop difficile pour mon
foible talent : j'ai fait de mon
mieux : je n'ai pas trop bien fait ;
c'est une raison de plus pour me
reposer. Je me suis hasardé sur
une mer orageuse avec une petite
nacelle ; c'étoit une imprudence.
Heureusement ma nacelle, après
deux ou trois coups de vent, est
rentrée saine et sauve dans le port ;
j'en remercie le Ciel : et je n'ai
rien de mieux à faire que d'offrir
mon petit bateau en actions de
graces au dieu qui m'a sauvé : ce
dieu est le Public ; ce Recueil est
ma nacelle.

LES

LES

DEUX BILLETS,

COMÉDIE

EN UN ACTE ET EN PROSE,

Représentée pour la première fois, par les Comédiens Italiens ordinaires du Roi, le mardi 9 Février 1779.

PERSONNAGES.

ARLEQUIN, amant d'Argentine.

ARGENTINE.

SCAPIN, rival d'Arlequin.

La scène est à Paris, dans une place
publique où l'on voit la maison où
demeure Argentine.

LES
DEUX BILLETS,
COMÉDIE.

SCÈNE PREMIÈRE.

ARLEQUIN , seul , un billet à la main.

Voici la première fois que je suis bien aise de savoir lire. Quel bonheur ! elle m'aime. J'en suis sûr à présent ; elle l'a dit, elle l'a écrit, et Argentine ne peut pas mentir : elle a la bouche trop jolie et la main trop blanche pour tromper. Relisons encore son billet. (Il lit.) «Sois tranquille, mon » bon ami ! ton rival ne doit te donner » aucune inquiétude. Je t'aime »... . Je t'aime !... Je n'ose pas baiser ce mot-là, de peur de l'effacer. (Il continue de lire.) « Mon cœur est à toi pour

D 2

» toujours : tu auras ma main quand
» tu voudras. » Quand je voudrai ! Je
ne fais que le vouloir depuis que je la
connois. Ma chère lettre , ma bonne
lettre ! (Il la baise.) Allons , plus d'inquiétude. Ce coquin de Scapin m'of-
fusquoit. Il fait semblant d'aimer
mon Argentine ; et souvent ces amoureux menteurs ont de l'avantage sur les
amoureux qui parlent vrai. Heureusement Argentine n'est pas de cet avis-
là. Allons la remercier , et prendre
jour pour notre mariage. Ah ! comme
il fera beau ce jour-là ! (Il va et revient.) Il y a pourtant quelque chose
qui me chagrine : Argentine a du
bien , je n'ai rien moi : je voudrois
être riche , ou qu'elle fût pauvre. Quand
il y a , comme cela , de l'argent d'un
côté et qu'il n'y a que de l'amour de
l'autre , je ne sais pas , mais cela ne va
jamais si bien que lorsque tout est égal,
et qu'il y a amour contre amour. J'ai
beau faire , je ne peux pas devenir ri-

che : tous les mois je mets mes gages à
la loterie ; mes numéro restent toujours
au fond du sac. J'en ai encore pris
trois pour ce tirage-ci, les voilà : (Il
tire un billet de loterie.) 7, 19, 48. J'ai
mis six francs sur ce terne-là ; s'il sort,
ma fortune est faite, et je l'offre à ma
chère argentine ; s'il ne sort pas, au
premier tirage je prendrai tous les numéro, nous verrons s'il en sortira un.
En attendant, allons trouver Argentine.... Mais, voici Scapin : cachons
ma lettre, et attendons qu'il soit parti.
(Arlequin met ses deux billets dans la
même poche.)

SCÈNE II.
ARLEQUIN, SCAPIN.

SCAPIN.

BONJOUR , Arlequin !

ARLEQUIN.

Serviteur , monsieur !

SCAPIN.

Comment, MONSIEUR ! Tu me parles toujours comme si tu étois fâché. Je ne te ressemble pas , moi , et . . . .

ARLEQUIN.

Oh ! je sais fort bien que nous ne nous ressemblons guère.

SCAPIN.

Mais tu n'y penses pas, mon ami ! Parce que nous aimons tous deux la même personne , faut-il que nous nous détestions ! Une femme ne vaut

pas la peine que deux honnêtes gens
se brouillent.

ARLEQUIN.

D'abord, pour que deux honnêtes
gens puissent se brouiller, il faut
qu'ils soient tous deux honnêtes gens,
et.....

SCAPIN.

Ah ! monsieur Arlequin !....

ARLEQUIN.

Monsieur Arlequin ne vous aime
pas : je vous le dis franchement. Tout
mon bonheur dépend d'Argentine ; je
ne sais rien, je ne veux rien, je ne
peux rien que l'aimer : et vous, qui
voudriez épouser son argent, vous faites semblant de désirer sa personne.
Vous lui plairez peut-être plutôt que
moi : car un homme qui n'est point
amoureux a toute sa tête pour plaire ;
au lieu que moi, je n'ai rien. Tout cela
me tracasse ; je voudrois vous savoir
loin d'ici.

SCAPIN.

Mon cher Arlequin ! il faut pourtant s'accoutumer aux rivaux : tu es un beau garçon, sans doute ; mais il y a des gens courageux que cela n'effraie pas. Il faudroit bien prendre ton parti, si Argentine ne rendoit pas justice à ton mérite.

ARLEQUIN.

Je le prendrai : soyez tranquille. Bonsoir.

SCAPIN.

Où vas-tu donc ?

ARLEQUIN.

Je vais voir tirer la loterie.

SCAPIN.

Elle est tirée, il y a plus d'une demi-heure. J'ai la liste dans ma poche, voici les numéro : 7, 20, 48, 12, 19.

ARLEQUIN.

Que dis-tu ? Attends. (Il tire son billet de loterie.) 7 en est-il ?

SCAPIN.

Oui.

ARLEQUIN.

19 aussi.

SCAPIN.

Oui.

ARLEQUIN.

Et 48 aussi ?

SCAPIN.

48 aussi.

ARLEQUIN.

Ah ! tu badines !

SCAPIN.

Non , ma foi ; regarde toi-même.

ARLEQUIN.

Ma fortune est faite , mon terne est
venu. Que d'argent je vais avoir !
C'est bon , mon mariage sera tout
d'amour.

SCAPIN.

Comment ? (Il regarde le billet d'Arlequin.) Il a, ma foi, raison. Ce drôle-là
est bien heureux !

ARLEQUIN.

Il y avoit long-temps que je guettois
ce terne-là : je suis sûr que j'ai passé
près de lui plus de trente fois : à la
fin je l'ai attrapé. (Il remet son billet
dans la même poche.)

SCAPIN, à part.

Si je pouvois accrocher ce bil-
let-là.

ARLEQUIN.

Adieu, je vais me faire payer, car
je dois placer tout de suite cet argent,
non pas sur ma tête, mais sous les plus
jolis petits pieds du monde. -

SCAPIN.

Attends donc, tu ne sais seulement
pas où il faut aller pour te faire payer.

ARLEQUIN.

Non.

SCAPIN.

Ecoute : je vais t'indiquer où demeure celui qui paie. (Pendant tout le
reste de la scène, Scapin cherche à voler
le billet d'Arlequin, et celui-ci le dé-

range toujours.) Tu sais bien où est le Luxembourg.

ARLEQUIN.

Oui.

SCAPIN.

Eh bien! c'est là que l'on paie.

ARLEQUIN.

Au Luxembourg?

SCAPIN.

Oui. ... C'est-à-dire. ... Non...! Avant d'y entrer, à droite tu verras une porte-cochère... Tiens, voilà le Luxembourg; là. ... à droite, il y a une porte-cochère. ... jaune.

ARLEQUIN.

Une porte jaune?

SCAPIN, vîte.

Oui: tu la reconnoîtras tout de suite. Tu frapperas, l'on t'ouvrira; tu entres; tu vois un escalier à gauche, tu montes; tu trouves au premier une petite

porte grise , une sonnette avec un
pied de biche , tu sonnes ; vient un
domestique. Je demande à parler à M.
le Directeur. Donnez-vous la peine
d'entrer. On te mène à son bureau, tu
lui montres ton billet. Vîte de l'argent
à monsieur , trente sacs de mille
francs : voyez si le compte y est. (Arlequin regarde , Scapin vole le billet.) On
te prend ton billet , et tout est fini.

ARLEQUIN.

Oh! c'est clair. Vis-à-vis , porte
jaune, porte grise, pied de biche , un
domestique , l'escalier , et de l'argent:
c'est clair. J'y cours tout de suite.
Pardi! sans toi j'aurois été bien embarrassé ; je te remercie.

SCAPIN.

Il n'y a pas de quoi. Bonsoir : mon
ami ! N'oublie pas la porte jaune.

ARLEQUIN.

Oh! je la trouverai bien. (Il sort.)

SCÈNE III.

SCÈNE III.

SCAPIN, seul.

Si nous n'avions pas le soin d'y mettre ordre, il n'y auroit que ces imbécilles-là d'heureux. On a bien raison de dire que la fortune n'est que pour les bêtes : j'ai mis cent fois à la loterie, jamais je n'ai pu attraper un lot ; voici le premier. De quel bureau est-il ? (Il déplie le billet.) Ah ciel ! je me suis trompé : il faut être bien malheureux ! Comment ! je ne peux pas gagner à la loterie, même en volant les billets qui ont gagné ! celui-ci n'est plus qu'une lettre. (Il lit.) « Sois tran-
» quille, mon bon ami ! ton rival
» ne doit te donner aucune inquié-
» tude. Je t'aime ; mon cœur est à
» toi pour toujours ; tu auras ma

I. E

» main quand tu voudras. » Voilà qui
est clair : ce billet est d'Argentine.
Ah ! il aura sa main quand il voudra ! Cela n'est pas si sûr : je vais
tirer parti de ma gaucherie ; et
puisque j'ai manqué le billet de
loterie , je ferai valoir celui — ci.
(Il frappe à la porte d'Argentine.) Made-
demoiselle Argentine !

SCÈNE IV.

ARGENTINE, SCAPIN.

ARGENTINE.

AH ! c'est vous , monsieur Scapin ?

SCAPIN.

Oui , mademoiselle , toujours le
même.

ARGENTINE.

Tant pis pour vous.

SCAPIN.

Toujours malheureux, et ne vous
en adorant pas moins.

ARGENTINE.

Vous êtes bien bon, car je ne
vous en aime pas davantage.

SCAPIN.

Je ne le sais que trop, mademoiselle ! et j'en suis d'autant plus affligé, que ce sort-là n'est pas commun
à tous vos amans. Il en est un que
votre cœur a choisi, à qui vous écri-
vez des lettres bien tendres.

ARGENTINE.

Comment ! que voulez-vous dire ?
monsieur Scapin ! vous avez grand
tort de sortir de votre personnage
ordinaire ; il vaut encore mieux être
ennuyeux qu'impertinent.

SCAPIN.

Pardon, mademoiselle ! je voulois vous parler d'une certaine lettre qui court le monde , et que les méchans prétendent que vous avez écrite à monsieur Arlequin. Je l'ai , cette lettre ; je vous la rapportois : mais je me garderai bien de ne rien dire , puisque ce seroit manquer au respect que je vous dois.

ARGENTINE.

Vous me la rapportez ? Ah ! mon cher Scapin , expliquez - vous , je vous supplie : s'il est vrai que vous m'aimez , vous jugez—bien....

SCAPIN.

Surement je vous aime ; et j'espère qu'aujourd'hui vous reconnoîtrez vos injustices à mon égard. Vous connoissez mademoiselle Violette , qui demeure ici près ? Monsieur Arlequin en est amoureux : et pour lui donner une preuve certaine de son attachement , il lui a sacrifié un billet qu'il a dit être de vous. Le voici.

ARGENTINE.

Ah ciel !

SCAPIN.

Mademoiselle Violette qui ne vous
aime pas, parce qu'elle n'est pas
aussi jolie que vous, n'a rien eu de
plus pressé que de confier ce billet
à tous ses amis. Ce matin, en tra-
versant le Palais-Royal, j'ai entendu
des éclats de rire, et j'ai vu du monde
attroupé ; c'étoient M. Mezzetin,
M. Trivelin, M. Pascariel, qui se
passoient votre billet. L'un faisoit
une épigramme ; l'autre disoit un bon
mot. J'avoue que je n'ai pas été
le maître de ma colère ; vous me
le pardonnerez bien : je m'en suis
pris à tous les trois, sur-tout à
Trivelin, qui étoit le possesseur du
billet ; je l'ai menacé, il a eu peur,
et me l'a rendu. Je vous le rapportois ; et pour prix de mon zèle,
vous savez la manière dont vous
m'avez reçu.

E 3

ARGENTINE.

Je n'ose vous faire des excuses,
ni vous remercier : j'ai trop à rougir de ce que je vous dois et de ce
que j'ai fait pour un autre.

SCAPIN.

Mademoiselle ! le bonheur de ma
vie auroit été de devoir votre cœur
à vous-même , et non pas au désir
de vous venger : mais je suis trop
amoureux pour être si délicat ; et je
serai encore le plus heureux des
hommes , si la perfidie d'Arlequin...

ARGENTINE.

Ah ! ne me parlez pas de lui ;
son nom seul me met en fureur. Si
vous saviez jusqu'à quel point il a
poussé la fausseté.... Non , il n'est
pas posssible de l'imaginer. Et moi,
qui croyois si bien le connoître....
Jamais je ne me le pardonnerai , et je
m'en souviendrai toujours pour le
haïr davantage.

SCAPIN.

Contenez-vous, car je l'entends.

ARGENTINE.

Je ne veux pas le voir.

SCAPIN.

Au contraire, restez pour le bien
humilier et le punir comme il le
mérite.

ARGENTINE.

Jamais je n'y parviendrai.

~~~~~~~~~~~~~~~~~~~~~~~~~~~~~~~~

SCÈNE V.

ARGENTINE, SCAPIN, ARLEQUIN.

ARLEQUIN, sans voir Argentine.

LE diable t'emporte avec ta porte
jaune ! j'ai frappé à toutes les portes
jaunes et à toutes les portes à droite ;
jamais je n'ai pu trouver un directeur. Viens me conduire toi-même...

(Il aperçoit Argentine.) Ah ! la voilà. J'ai tout plein de choses à vous dire : mais quand je vous vois, je ne m'en souviens plus ; quand je suis loin de vous, elles me reviennent si vîte que cela m'étouffe : je crois que je n'aurai qu'un moyen pour m'en souvenir , c'est de vous regarder les yeux fermés , car autrement il m'est impossible de penser à autre chose qu'à vous voir. (A Scapin.) Va-t'en, toi : tu nous gênes.

ARGENTINE.

Non : il peut rester ; il ne me gênera pas.

SCAPIN.

Après la manière dont mademoiselle s'est expliquée sur ton compte, après les assurances par écrit qu'elle t'a données de sa tendresse , il me semble que rien ne doit te gêner.

ARLEQUIN, bas à Argentine.

Vous lui avez donc tout conté ?....
Hé !... vous lui avez tout dit ?...:
(Scapin rit.) Il a l'air de se douter de
quelque chose. Monsieur Scapin ! ex-
pliquons-nous , je vous en prie : vous
aimez mademoiselle Argentine, n'est-
il pas vrai ?

SCAPIN.

Sans doute , je l'aime : elle le sait
bien.

ARLEQUIN.

Eh bien ! moi, je l'aime aussi ; et
je n'aime pas qu'on l'aime. Ainsi ,
puisque nous voilà devant elle , elle va
nous dire quel est celui de nous deux
qui lui a le plus plu ; à condition que
l'autre se retirera sans bruit, et ne tra-
versera plus l'heureux qu'elle aura
choisi : y consentez-vous ? monsieur
Scapin !

SCAPIN.

Touchez là , monsieur Arlequin !
Souvenez-vous de ce que vous dites;

mademoiselle va choisir ; et celui qu'elle refusera n'aura plus la moindre prétention.

ARLEQUIN.

De tout mon cœur. (Il rit.) Oh ! qu'il est bête !

SCAPIN.

Allons, mademoiselle, vous venez d'entendre nos conventions : c'est à vous à nous juger.

ARLEQUIN.

Oui, c'est à vous à nous juger. (A part) Oh ! la bestiasse !

ARGENTINE.

Je serai malheureuse : mais je veux me venger.

SCAPIN.

Eh bien ? mademoiselle !

ARGENTINE.

Eh bien, je vais m'expliquer : mon choix est fait depuis long-temps ; je l'ai même écrit à celui que j'ai choisi : celui de vous deux qui a un billet de moi, n'a qu'à me le montrer, je lui donne ma main.

ARLEQUIN.

C'est clair cela. (Scapin fouille dans sa poche.) Oui, cherche, cherche, tu le trouveras..... Le voici, ce billet. (Il tire le billet de loterie.) Le voici : ainsi, monsieur Scapin ! adieu ! on n'aura plus l'honneur de vous revoir.

ARGENTINE, vivement.

Voyons..... C'est un billet de loterie.

ARLEQUIN.

Ah ! oui. Vous ne savez pas ? le bonheur m'a écrasé aujourd'hui ; j'ai gagné.... Mais où ai-je donc mis mon autre billet ? Celui-là n'est pas le meilleur. L'aurois-je perdu ?

SCAPIN.

C'est peut-être moi qui l'ai trouvé. Tenez, mademoiselle, voilà un billet que je crois de vous.

ARGENTINE lit.

« Sois tranquille, mon bon ami ! »

ARLEQUIN.

Ah ! c'est le mien qu'on m'a volé.

ARGENTINE.

Qu'on t'a volé ! tu crois donc m'abuser jusqu'au dernier moment ! non : traître ! je te connois. Va chez Violette ; va lui porter mes lettres, lui dire que tu me sacrifies à elle ; et reviens ensuite me jurer que tu m'adores : ose y revenir, me parler, me regarder seulement. Traître, scélérat, tu m'as trompée ; mais tu ne m'abuseras plus, et ma vengeance ne s'en tiendra pas là. Et vous, Scapin, gardez ce billet ; j'ai promis ma main à celui qui en seroit possesseur : je tiendrai ma parole, vous pouvez y compter.

(Elle sort.)

SCÈNE VI.

SCÈNE VI.

ARLEQUIN, SCAPIN.

(Ils se regardent sans rien dire.)

QUE veut dire tout ceci ? D'où vient
que je n'ai plus mon billet ; que tu
l'as , toi ; et qu'à propos de rien, Argentine me traite comme cela ?

SCAPIN.

Je n'en sais rien , mon ami !
Argentine m'a donné elle-même ce
billet, en me disant que c'étoit moi
qu'elle vouloit épouser.

ARLEQUIN.

Mais ce billet est à moi ; je le
reconnois bien : il est presque tout
effacé, tant nous nous étions em-

I.   E

brassés. Comment Argentine a-t-elle
pu l'avouer ? Elle m'a fait entendre
que j'aimois Violette ; moi qui n'ai
jamais rien aimé dans le monde
qu'Argentine ? Suis-je assez malheureux ! Ah ! je le disois bien ce
matin, que j'étois trop heureux : cela
ne pouvoit pas durer. Tu vas donc
l'épouser, toi ?

SCAPIN.

Mais oui, puisqu'elle le veut.

ARLEQUIN.

Tiens, je te conseille de t'en aller ;
car je pourrois fort bien te rosser de
manière à retarder ton mariage. Tout
ceci n'est peut-être qu'une fripponne-
rie de ta part : je l'avois dans ma
poche, ce billet, et tu me l'auras
volé.

SCAPIN.

Ah ! mon ami, que tu me connois mal ! Tu avois dans la même
poche un billet de loterie qui vaut
dix mille écus ; assurément j'aurois

pris celui-là si j'avois pu te voler.

ARLEQUIN.

Plût à Dieu qu'on me l'eût pris
et qu'on m'eût laissé ma lettre !
Que deviendrai-je à présent ! Elle
ne m'aime plus, elle va en épouser
un autre. (Il pleure.) Ah ! ah ! je vais
être tout seul dans le monde. Allons, il
faut tâcher de mourir avant que le
mariage soit fait. (Il pleure.)

SCAPIN.

Tu me fais pitié, mon ami ! et
mon attachement pour toi l'emporte
sur mon amour. Ecoute : Argentine
a promis d'épouser celui qui lui
rapporteroit son billet : je l'ai, ce
billet ; je te le donnerai, si tu veux
me donner celui de la loterie.

ARLEQUIN.

Donne, donne vîte ; tiens, le
voilà : de ma vie je n'ai fait une si
bonne affaire.

SCAPIN.

Ni moi non plus.

(Ils changent de billet.)

ARLEQUIN, s'adressant à celui
d'Argentine.

Ah ! vous revoilà donc, monsieur !
et pourquoi m'avez-vous quitté ? Petit
ingrat, petit étourdi, parlez, irez-
vous encore courir le monde ? Irez-
vous encore vous mettre prisonnier
chez les Arabes, afin que je paie votre
rançon ? Ne vous en avisez plus ; car je
n'ai plus rien. Allons, je veux bien
pardonner vos fredaines ; embrassons-
nous , (Il le baise.) et que tout soit
fini.

SCAPIN.

Ah çà , le billet est à moi ?

ARLEQUIN.

Eh ! sans doute ; c'est dit cela.
Je t'ai donné un billet au porteur,
tu m'as donné un billet au porteur :
je souhaite seulement que le mien
soit payé aussi aisément que le tien.

Mais j'ai peur que ce drôle-là ne
décampe encore, je vais le rapporter
à sa maîtresse. Va-t'en, je t'en prie :
car je voudrois lui parler seul.

SCAPIN.

Oh ! cela est juste. Adieu, mon
ami ! En vérité, je suis charmé de
t'avoir fait plaisir. Voilà comme je
suis, moi : j'ai le cœur tendre ; jamais je n'ai pu résister à des larmes.

ARLEQUIN.

Va, va te faire payer ; ton cœur
est à cette porte jaune où l'on donne
de l'argent.

SCAPIN, à part.

Cachons-nous au coin de la rue,
pour voir comment il sera reçu.

———

SCÈNE VII.

ARLEQUIN, ARGENTINE,

SCAPIN caché.

ARLEQUIN frappe.

ARGENTINE.

QUI est là ?

(A la fenêtre.)

Comment ! c'est vous ! Vous osez encore regarder ma maison ? Vous espérez peut-être y entrer ? Vous croyez...

ARLEQUIN.

Non , je ne demande pas d'entrer ; vous êtes trop en colère ; je ne veux vous dire que quatre mots : donnez-vous la peine de descendre , et....

ARGENTINE.

Je ne veux rien entendre : laissez-moi en repos , et délivrez-moi de votre odieux visage. (Elle referme la fenêtre.)

SCAPIN, à part.

Bon ! je vais me faire payer et je reviens trouver Argentine : j'espère bien l'épouser et avoir les dix mille écus.

SCÈNE VIII.

ARLEQUIN, seul.

JE suis bien malheureux ! je ne pourrai seulement pas lui montrer mon billet ! si je perds ce moment-ci , tout est perdu ; car ce coquin de Scapin va revenir , et il sera toujours ici. Allons ! du courage ! je sens que j'étouffe , que je crève de chagrin ; mais il faut remettre ma mort à ce soir. Voyons encore..... (Il frappe.)

ARGENTINE.

Qui est là ?

SCÈNE IX.

ARLEQUIN, ARGENTINE
à la fenêtre.

ARGENTINE.

Encore vous !

ARLEQUIN.

Ne vous fâchez pas : je ne demande plus de causer avec vous, puisque vous ne le voulez pas ; mais je vous prie seulement de reprendre votre billet.

ARGENTINE.

C'est vous qui l'avez ? Mais ce malheureux billet court le monde !

ARLEQUIN.

Ah ! je commence à reprendre un peu d'espoir. Je n'ai rien à me reprocher, je l'aime, je l'ai toujours

aimée , elle m'a aimé : quand on
consent à écouter quelqu'un qu'on a
aimé et qui nous aime , c'est qu'on a
envie de le croire.... La voilà.

ARGENTINE.

Souvenez-vous que je ne veux point
d'explication sur le passé. Dites-moi
seulement : comment se fait-il que
vous avez mon billet ?

ARLEQUIN.

Tenez, le voilà : il est bien à moi,
il fait toute mon espérance et tout
mon bonheur : mais , comme le bonheur ne vaut rien quand on est heureux sans votre permission , je vous
le rendrai , si vous ne consentez
pas que je le garde.

ARGENTINE.

Non , assurément , je n'y consen-
tirai pas. (Elle reprend le billet.) Vous
en avez usé d'une manière si indigne!
Aller sacrifier mon billet à une autre
femme !

ARLEQUIN.

Une autre femme ? Ah ! mon cœur
m'est témoin qu'il n'y a pour moi
qu'une femme dans le monde ; et
quand je prends mon cœur à témoin,
c'est tout comme si je vous prenois
vous-même.

ARGENTINE.

Mais enfin, hier je vous envoyai
ce billet, et aujourd'hui Scapin me
l'a rapporté.

ARLEQUIN.

Scapin vous l'a rapporté ? Voyez
le coquin ! il m'a dit que c'étoit vous
que le lui aviez donné. Je suis sûr
à présent qu'il me l'a volé.

ARGENTINE, à part.

Scapin en est bien capable. Ah !
que je voudrois qu'il dît vrai !

ARLEQUIN.

Mais songez donc qu'il y a deux ans
que je vous aime ; que vous m'avez
toujours vu le même. Croyez - vous
que j'aurois pu me déguiser si long-

temps ? Ma bonne amie !... (Argentine
le regarde) mademoiselle, pardonnez-
moi d'avoir été volé.

ARGENTINE.

Mais comment se fait-il que vous
avez ce billet ? Qui vous l'a donné ?

ARLEQUIN.

La loterie.

ARGENTINE.

La loterie ! Est-ce que l'on a mis
mon billet à la loterie ? Scapin l'avoit
tout-à-l'heure : il vous l'a donc rendu ?

ARLEQUIN.

Non pas rendu, mais vendu.

ARGENTINE.

Expliquez-vous.

ARLEQUIN.

Tenez, il faut tout vous dire : j'avois
gagné ce matin un terne de six francs
à la loterie....

ARGENTINE.

Un terne de six francs ! Cela fait
une somme prodigieuse.

ARLEQUIN.

Oui , ils disent que cela fait beaucoup d'argent. Heureusement je n'étois
pas encore payé ; Scapin, voyant que
je me désolois, m'a proposé de troquer mon billet de loterie contre
votre billet.

ARGENTINE.

Et tu l'as fait ?

ARLEQUIN.

J'aurois encore donné du retour,
s'il m'en avoit demandé.

ARGENTINE l'embrasse.

Mon cher ami , tu es innocent :
je t'aimerai toute ma vie ; ce dernier
trait me fait sentir ce que tu vaux.

ARLEQUIN.

Comment ! diable ! vous estimez
donc bien les gens qui font de bons
marchés ?

ARGENTINE.

Je te demande pardon de ne pas
t'avoir connu : garde mon billet ;
je te répète , je te jure que je
t'aime,

t'aime , que je n'aimerai jamais que
toi ; et dès ce soir nous serons
époux.

ARLEQUIN.

Vous me r'aimez ! Ah ! quelle joie !
(Il lui baise la main.) Tiens , ma bonne
amie ! ne me le répète plus , il m'arri-
veroit encore quelque malheur. Laisse-
moi te regarder ; je le verrai bien sans
que tu me le dises.

ARGENTINE.

Va, ton bonheur est certain, du
moins tant que mon cœur suffira.

ARLEQUIN.

Ah ! comme il y a long-temps que
tu n'as parlé comme cela ! Ecoute,
fais-moi le plaisir de me dire comment
il y a là. (Il lui montre la lettre.)

ARGENTINE.

Je t'aime.

ARLEQUIN. (lazzis.)

Hé ! comment dis-tu ?

I. G

ARGENTINE.

Je t'aime.

ARLEQUIN.

Voyons que je le lise aussi, moi. Je,
je (il épèle) ta ta , i me, aime, t'aime ,
je t'aime , je t'aime.... Ce mot-là est
trop court ; je voudrois qu'il tînt tout
l'alphabet.

ARGENTINE.

Je te le dirai toute ma vie. Mais
laisse-moi m'occuper de te faire rendre
le billet qu'il t'a volé.

ARLEQUIN.

Quoi ? quel billet ?

ARGENTINE.

Ton billet de loterie.

ARLEQUIN.

Oh ! non ! mâ bonne amie : le mar-
ché est fait ; tiens, n'en parlons plus :
il voudroit peut-être revenir là-dessus
et r'avoir celui-ci. Non , non : tout est
fini : tu m'aimes... ma fortune est faite.

ARGENTINE.

St.... j'entends Scapin. Cache-toi

dans notre maison , et n'en sors que
lorsque je t'appellerai.

ARLEQUIN , entrant dans la maison.

Appelle-moi donc bien vîte.

ARGENTINE.

Oui , oui , laisse-moi faire.

ARLEQUIN , revenant.

M'as-tu appelé ?

ARGENTINE.

Eh ! non ! mon ami : cache-toi donc ;
le voici : le fripon tient encore le billet.

SCÈNE X.

ARGENTINE, SCAPIN.

SCAPIN.

CES diables de directeurs vous ren-
(voient toujours au lendemain.

(Il aperçoit Argentine et met le billet

dans sa poche.) Ah ! j'allois chez vous ;
ma belle Argentine !

ARGENTINE.

Je suis aussi bien aise de vous rencontrer. Vous ne savez pas ce qui s'est
passé pendant votre absence ?

SCAPIN.

Non : qu'est-il arrivé ?

ARGENTINE.

Ce malheureux Arlequin a eu l'in-
solence de se présenter chez moi : je
l'ai reçu de manière à lui ôter l'envie
d'y revenir.

SCAPIN, riant.

J'ai vu tout cela, mademoiselle ;
j'étois au coin de la rue lorsque vous
avez fermé votre fenêtre sans vouloir
l'entendre. Mais parlons de quelque
chose qui m'intéresse davantage : vous
savez bien la promesse que vous m'avez
faite tantôt ?

ARGENTINE, à part.

Bon ! (haut) Oui, je vous tiendrai
parole ; mais je suis bien aise de

m'expliquer auparavant avec vous. Je
prends un époux pour être aimée :
ainsi, mon cher Scapin, si vos sentimens pour moi sont bien sincères,
j'espère que vous ferez mon bonheur.
Graces aux bontés de ma jeune maîtresse, mademoiselle Rosalba, je suis
riche, et je n'exige pas que mon
époux le soit; je veux lui donner
mon cœur et tout mon bien, et je
ne lui demande que son amour. Dites-
moi donc bien franchement si vous
m'aimez, et si vous m'aimez unique-
ment.

SCAPIN.

Ah! mademoiselle! je voudrois
savoir tous les sermens possibles pour
vous jurer que toute ma vie....

ARGENTINE.

Ecoutez. Je suis méfiante : en ve-
nant ici, vous aviez un papier à la
main, que vous avez caché avec soin ;
je suis sûre que c'est une lettre de

femme. Je veux que vous me la don-
niez, je l'exige ; autrement il faut renoncer à moi. Mademoiselle Violette a
bien trouvé un amant qui lui sacrifioit
mes billets, je veux être aussi heureuse
que mademoiselle Violette.

SCAPIN.

Il me sera difficile de vous satisfaire ,
car dans tout le cours de ma vie,
jamais femme ne m'a écrit.

ARGENTINE.

Ceci est un détour pour ne pas me
montrer le papier que vous teniez à la
main : et votre refus me confirme ce
que je pensois.

SCAPIN.

Assurément, je voudrois que vous
missiez mon amour à des épreuves
plus difficiles. Vous allez être bien
étonnée quand vous verrez que ce n'est
qu'un billet de loterie. (Argentine s'en
saisit.)

ARGENTINE.

Je le tiens donc , et j'ai trompé la

plus fourbe des hommes! Arlequin!
Arlequin!

~~~~~~~~~~~~~~~~~~~~~~~~

SCÈNE XI.

ARLEQUIN, ARGENTINE, SCAPIN.

———

ARLEQUIN.

Quoi! Qu'y a-t-il? Vous a-t-il volé
quelque chose?

ARGENTINE.

Non, mon ami : j'ai au contraire
rattrapé ton billet. Le voilà : tu es
à présent le plus riche de nous deux;
et c'est moi dont tu fais la fortune.
Et vous, monsieur Scapin, qui me
croyiez votre dupe et qui êtes la
mienne, je vous exhorte à faire toujours d'aussi bons marchés que celui

que vous aviez fait. Mais il faut apprendre à mieux conserver votre bien. Adieu : nous allons nous marier , et jouir de nos richesses.

ARLEQUIN.

Ce pauvre diable ! il me fait pitié. Ecoute , Scapin ! madame a besoin d'un laquais ; si tu veux , nous te donnerons la préférence.

ARGENTINE.

Ah ! pour cela non : il n'est pas assez fidèle. Adieu, monsieur Scapin. Monsieur Pandolfe , le père de ma maîtresse , retourne à Bergame dans peu de jours ; Arlequin et moi nous l'y suivrons. Si vous avez quelque commission à nous donner pour ce pays-là , nous nous en chargerons volontiers : mais si vous voulez réussir dans celui-ci , souvenez-vous bien qu'il ne faut jamais brouiller deux amans , parce qu'ils se raccommodent toujours aux dépens de celui qui les a brouillés.

(Ils sortent.)

SCÈNE XII.

SCAPIN, seul.

Ce qui me console, c'est que je n'ai rien risqué du mien; et je pouvois beaucoup gagner.

FIN.

LE BON MÉNAGE,

ou

LA SUITE DES DEUX BILLETS,

COMÉDIE EN UN ACTE ET EN PROSE,

REPRÉSENTÉE devant leurs Majestés, par les Comédiens François et Italiens ordinaires du Roi, le samedi 28 Décembre 1782.

A LA REINE.

MADAME,

LE titre de cette bagatelle peut seul excuser la hardiesse de l'offrir à VOTRE MAJESTÉ. Celle qui a porté sur le trône les vertus douces et simples qui font la consolation du pauvre, doit sourire à la foible esquisse que j'en ai tracée. Le bon ménage appartient à VOTRE

I.

H

MAJESTÉ, par la même raison qu'Elle possède le cœur du Roi et ceux de tous ses sujets.

Je suis avec un profond respect,

MADAME,

DE VOTRE MAJESTÉ

le très-humble et très-obéissant serviteur et sujet,
FLORIAN.

LE

BON MÉNAGE.

PERSONNAGES.

ARLEQUIN , bourgeois de Bergame.

ARGENTINE , femme d'Arlequin.

DEUX ENFANS d'Arlequin et d'Argentine , de l'âge de six à sept ans :

    L'AÎNÉ ,

    LE CADET.

ROSALBA.

MEZZETIN.

La scène est à Bergame dans la maison d'Arlequin.

LE BON MÉNAGE,

COMÉDIE.

Le théâtre représente une chambre meublée très-simplement, où l'on voit les portraits d'Arlequin et d'Argentine. Argentine, assise, festonne : ses deux enfans, sur des tabourets, sont à ses pieds ; l'un feuillette un livre pour en voir les estampes ; l'autre joue avec un jeu de cartes.

SCÈNE PREMIÈRE.

ARGENTINE, SES DEUX ENFANS.

LE CADET, montrant à sa mère un château de cartes.

MAMAN, regardez donc.

ARGENTINE.

Cela est fort joli, mon ami !

H 3

L'AÎNÉ.

Voyons, (Il souffle dessus et le renverse, puis il rit.) Ah, ah, ah !

LE CADET.

Maman, dites donc à mon frère de me laisser tranquille ; il faut que je recommence tout.

ARGENTINE.

Pourquoi tourmenter votre frère ? Vous ne voulez pas qu'il s'amuse ?

L'AÎNÉ.

Bah ! c'est un enfant ; il s'amuse à des bêtises.

ARGENTINE.

Effectivement, vous avez un an de plus que lui, et vous êtes un habile garçon !

L'AÎNÉ.

Je m'instruis, moi ; je regarde des images. Quelle est celle-là, maman, où une femme présente à un aveugle un petit monsieur habillé comme un chevreau ?

ARGENTINE.

C'est une mère qui se sert d'une ruse
pour faire donner l'héritage à son fils
cadet, parce qu'il étoit plus doux et
plus aimable que l'aîné.

LE CADET, *voulant voir l'estampe.*

Ah ! voyons donc, mon frère ! elle
est bien jolie, cette image-là.

L'AÎNÉ, *tournant le feuillet.*

Non, elle n'est pas jolie.

LE CADET.

Maman ! où est donc mon papa ?

ARGENTINE.

Il est sorti pour des affaires.

LE CADET.

Je suis bien sûr qu'il nous rappor-
tera des joujoux.

L'AÎNÉ.

Oui, pour moi.

LE CADET.

Pour moi aussi.

L'AÎNÉ.

Oh ! savoir ?

LE CADET.

Oh ! c'est tout su.

L'AÎNÉ.

J'entends quelqu'un ; c'est peut-être lui. (Ils courent et reviennent.) Non : c'est mademoiselle Rosalba.

(Argentine se lève , et va au devant d'elle)

SCÈNE II.

ARGENTINE, ROSALBA, LES ENFANS.

ARGENTINE.

C'EST vous , mademoiselle ! vous avez la bonté....

ROSALBA.

Est-tu seule ? ma chère amie.

ARGENTINE.

Oui : mon mari vient de sortir. Avez-vous quelque chose à me dire ?

ROSALBA.

Assurément. Fais retirer tes enfans, je t'en prie.

ARGENTINE.

Allez-vous en tous deux dans l'autre chambre, et ne vous battez pas.

(Ils s'en vont.)

SCÈNE III.

ROSALBA, ARGENTINE.

ROSALBA.

LÉLIO est de retour, il est dans la ville.

ARGENTINE.

Comment le savez-vous ?

ROSALBA.

Par la dernière lettre qu'il m'a écrite
sous ton adresse, et que tu m'as remise
hier, il m'annonce qu'il doit arriver
aujourd'hui à Bergame : et je n'oserai
le voir ! Ah ! ma chère Argentine,
qu'il est affreux pour une femme sensible de ne pouvoir pas voler au devant de son mari, après trois mois
d'absence !

ARGENTINE.

Cela n'est que trop simple, lorsque
l'on s'est marié à l'insu de son père.

ROSALBA,

Ah! tu sais que c'est ma tante qui
a tout fait. Elle a connu le mérite de
Lélio, elle a été touchée de notre
amour ; et après avoir fait inutilement
tous les efforts possibles pour obtenir
le consentement de mon père, elle
a pris sur elle de m'unir secrètement
au seul homme que je pouvois aimer.

ARGENTINE.

Je sais tout cela, mademoiselle : mais
madame votre tante est morte, et monsieur votre père ignore toujours votre
mariage. Je suis la seule, à présent,
chargée de ce grand secret, et je n'ose
vous dire combien je suis fâchée d'être
la seule. Ma chère maîtresse ! je vous
dois tout : élevée auprès de vous dans
la maison de monsieur votre père, vous
m'avez dotée, vous m'avez mariée à
un époux qui fait le bonheur de ma
vie ; je tiens tout de vous seule, et je
suis obligée de faire aveuglément tout
ce que vous désirez : jusqu'à présent,
vous avez reçu, sous mon adresse, les
lettres de M. Lélio ; je n'ai jamais osé
confier à mon mari que je vous rendois
ce service : mais enfin....

ROSALBA.

Garde-t'en bien, ma chère Argentine ! Arlequin n'a point de raisons

pour m'être attaché ; il en a mille pour l'être à mon père : c'est mon père qu'il a servi ; et son respect pour son ancien maître lui feroit trahir mon secret. D'ailleurs, je connois ton mari ; aussi babillard qu'honnête homme, il n'imagine pas que l'on puisse cacher quelque chose. Tout seroit perdu s'il étoit instruit. Je te supplie donc ; ma chère Argentine, par la tendre amitié que j'ai toujours eue pour toi , de me jurer ici de nouveau, que quelque chose qui puisse arriver, tu ne révéleras jamais mon secret à ton mari.

ARGENTINE.

Je vous en donne ma parole ; quoiqu'il m'en coûte pour vous la donner. Ma chère maîtresse ! je vous conjure de faire cesser la peine et l'inquiétude où je suis. Vous ne doutez pas de mon zèle, vous connoissez ma tendresse pour vous.... passez-moi ce terme ; on n'offense

n'offense personne en l'aimant : vous
êtes bien certaine que je ferai toujours
tout ce qui pourra vous plaire ; mais
cela même vous blige d'être prudente
pour nous deux.

ROSALBA.

Je le serai, ma chère amie, et j'ai
grand besoin de l'être ; car enfin il
faut t'avouer que je porte dans mon
sein un gage de mon amour.

ARGENTINE.

Je n'ose m'en réjouir ; mais si tout
le monde le savoit, j'en pleurerois de
joie.

ROSALBA.

Je te demande un dernier service,
Lélio doit être arrivé ; je suis bien
sûre que son impatience va lui faire
tout hasarder pour me voir : va le
trouver, va lui dire que je le supplie,
que je lui ordonne de ne pas sortir de
chez lui avant qu'il ait reçu de mes
nouvelles. Cela est important pour

I,   I

lé succès de mes projets. Tu lui diras
que je souffre autant que lui de ne pas
le voir ; que je l'aime plus que ma vie ;
que....

ARGENTINE.

Oui , oui , mademoiselle ! avant de
lui dire ce que vous voulez qu'il sache,
je lui dirai tout ce qu'il sait. Je comprends tout cela à merveille : dès que
mon mari sera rentré , j'irai parler à M.
Lélio.

ROSALBA.

J'ai encore une prière à te faire.
Mon père est dans l'usage de me donner, pour en disposer à ma volonté ,
le vingtième de tous les profits un peu
considérables qu'il fait dans son com-
merce. Il vient de gagner cent mille
écus ; et ce matin il m'a apporté quinze
mille francs dont je suis maîtresse abso-
lue. Tu ne devines pas ce que j'en veux
faire ?

ARGENTINE.

Non.

ROSALBA.

Si je ne te devois pas tant, je serois
bien plus hardie à te les offrir.

ARGENTINE.

A moi?

ROSALBA.

Oui, ma bonne amie; ajoute ce plaisir à tous ceux que je te dois; souffre
que cette bagatelle soit mise en rente
viagère sur ta tête : j'ai déjà donné des
ordres à mon notaire, et je t'enverrai
ce soir ton contrat.

ARGENTINE.

Ma chère maîtresse ! je n'ose ni accepter ni refuser vos bienfaits ; mais...

ROSALBA.

Si tu me refuses, je ne veux plus de
tes services.

ARGENTINE.

Ecoutez. Je suis heureuse, je ne

manque de rien , et j'ai déjà , graces à
vous , assuré le sort de mes enfans.
Si mon mari venoit à me perdre , il ne
seroit pas à son aise : que ce soit lui
qui profite de vos bienfaits ; mon cœur
et ma délicatesse y trouveront mieux
leur compte.

R O S A L B A.

A la bonne heure : je vais dès ce moment tout arranger selon tes intentions.
Adieu , ma chère Argentine ! c'est aujourd'hui que j'ai reçu de toi la plus
grande marque d'amitié.

SCÈNE IV.

ARGENTINE , seule.

Je donnerois ma vie pour la voir heureuse ; mais nous ne le serons jamais,
tant que son père ne saura pas tout.
Mes enfans, revenez.

(Les deux enfans reviennent.)

SCÈNE V.

ARGENTINE, LES ENFANS.

ARGENTINE.

Avez-vous été bien sages ?

L'AÎNÉ.

Oh ! oui, maman ! car nous nous sommes bien ennuyés

LE CADET.

Mon papa tarde aujourd'hui bien long-temps.

ARGENTINE.

Il va rentrer.

L'AÎNÉ.

Ah ! pour le coup, maman, c'est lui, je l'entends.

I 3

~~~~~~

SCÈNE VI.

ARLEQUIN, ARGENTINE, LES DEUX ENFANS.

(Arlequin arrive avec un petit tambour d'enfant à la ceinture, lequel il bat d'une main ; de l'autre il joue d'une petite trompette de bois. Il fait deux ou trois fois le tour du théâtre.)

—————

LES DEUX ENFANS,
courant après lui.

Ah ! papa, papa ! c'est pour nous ?

ARLEQUIN, à sa femme.

Veux-tu danser une contredanse à quatre ?

ARGENTINE.

Non, mon ami.

ARLEQUIN, à son aîné.

Tiens, le tambour est pour toi ; la trompette pour ton frère.

LES DUEX ENFANS, l'embrassant.

Bien obligé, mon papa ! (Ils se retirent au fond du théâtre où ils ont l'air de troquer leurs joujoux tant qu'Arlequin cause avec sa femme)

ARLEQUIN, à sa femme, en lui donnant un sac d'argent.

Tiens, voilà pour toi : car il faut bien t'apporter aussi quelque chose ; tu es le plus grand enfant de la maison.

ARGENTINE.

Qu'est-ce que cela ? mon ami.

ARLEQUIN.

Ce sont ces cinquante écus que nous prêtâmes à ce pauvre homme que l'on alloit arrêter pour ses dettes : il a travaillé pour gagner cet argent-là pendant le temps qu'il auroit passé en prison à ne rien faire ; de sorte qu'il est quitte avec nous et avec son créancier : nous avons fait une bonne

action et personne n'y a rien perdu
que le geolier.

ARGENTINE, prenant le sac.

A te dire le vrai, je n'y comptois
guère.

ARLEQUIN.

En ce cas-là , serre-les pour les prê-
ter à un autre. J'ai encore été chez.....
(Les enfans font du bruit avec leur tambour.)
Taisez-vous donc , vous autres ! on ne
s'entend pas. J'ai été chez ta cousine :
elle se plaint de toi : e ll dit qu'on ne
te voit jamais, que tu es toujours renfermée avec tes enfans ou ton mari ;
que tu ne penses à rien dans le monde
qu'à tes enfans et à ton mari : il faut
convenir qu'elle a raison : je suis juste,
moi. (Le bruit redouble.) Mais voilà des
enfans bien bruyans !

ARGENTINE.

Pardi ! pour les faire jouer douce-
ment , tu leur apportes un tambour et
une trompette. (Les enfans continuent.)

ARLEQUIN, aux enfans.

Allez-vous-en battre la générale de
l'autre côté.

(Les enfans s'envont.)

SCÈNE VII.

ARLEQUIN, ARGENTINE.

ARGENTINE.

Vas-tu rester ici ? mon ami.

ARLEQUIN.

Oui : pourquoi cela ?

ARGENTINE.

C'est que j'ai à sortir.

ARLEQUIN.

Où vas-tu ?

ARGENTINE.

Faire une commission pour mademoiselle Rosalba.

ARLEQUIN.

Qu'est-ce que c'est que cette commission ?

ARGENTINE.

Je ne peux pas te le dire ; elle me l'a défendu.

ARLEQUIN.

Voilà, par exemple, un de tes avantages sur moi : tu sais garder un secret ; moi, je ne le sais pas. Aussi, je te confie tous les miens, pour qu'ils soient en sureté

ARGENTINE.

Mon bon ami! tout ce que je pense t'appartient : mais tu n'ignores pas les obligations que j'ai à mademoiselle Rosalba ; c'est elle qui nous a mariés. Il me semble qu'après un tel bienfait, je suis obligée de faire tout ce qu'elle exige, même de te cacher quelque chose.

ARLEQUIN.

Ah ! je me doute de ce que c'est. J'ai vu ce matin M. Pandolfe ; il

m'a dit qu'il avoit donné quinze mille
livres à sa fille pour en faire ce qu'elle
voudroit. Mademoiselle Rosalba a le
meilleur cœur du monde; et, quand on
a un bon cœur et de l'argent mignon,
on a toujours de petites choses à faire
en cachette.

ARGENTINE, à part.

Hélas! (haut) Mon ami! ne parlons
plus de cela, je t'en prie. Quand bien
même tu devinerois, je serois obligée
de te mentir; et tu ne voudrois pas que
ma reconnoissance pour mademoiselle
Rosalba me coûtât si cher.

ARLEQUIN.

Allons, va-t-en ; je resterai avec
les enfans. Les as - tu fait lire aujour-
d'hui?

ARGENTINE.
Oui.

ARLEQUIN.

C'est bon : je les ferai jouer, moi.
Allons, va-t'en donc.

ARGENTINE.

Adieu, mon ami.

ARLEQUIN.

Allez-vous-en, madame ! et reviens vite, au moins. Quand je cours la ville, je me passe de toi : mais je ne peux plus m'en passer, dès que je ne cours plus ; entends-tu ? (Il l'embrasse. Elle sort.)

SCÈNE VIII.

ARLEQUIN, seul.

CETTE mademoiselle Rosalba lui donne souvent des commissions ; et elle ne m'en donne jamais, à moi. Cependant elle sait bien avec quel plaisir je troterois pour elle.... Ah ! c'est qu'elle aime mieux ma femme que moi. Elle a raison ; j'en fais bien autant...... Oh ! Arlequinets, venez-vous-en

ici me tenir compagnie ; mais laissez
votre tambour.

~~~~~~~~~~~~~~~~~~~~~~~~~~~~~~~~~~

SCENE IX.

ARLEQUIN, LES DEUX ENFANS.

———————

ARLEQUIN.

Avez-vous bien lu ce matin?

L'AÎNÉ.

O! oui, mon papa.

ARLEQUIN.

Votre maman a-t-elle été contente
de vous?

LE CADET.

Elle a dit que oui, mon papa.

ARLEQUIN.

Vous ne l'avez pas fait enrager?
Elle ne vous a point grondés ni l'un
ni l'autre?

L'AÎNÉ.

Au contraire , mon papa , elle nous
a bien baisés.

ARLEQUIN , les embrassant
avec tendresse.

Cela étant , venez me baiser aussi.
(Arlequin , pendant tout ce couplet , a son
visage tout près et au milieu de ceux de ses
enfans ; il les baise presque à chaque parole.)
Quand vous voudrez me rendre bien-
heureux , vous n'avez qu'à rendre
votre mère bien contente. Elle en sait
plus que nous trois , voyez-vous ;
ainsi nous ne devons être occupés que
de faire tout ce qu'elle veut. Nous y
trouverons son plaisir , d'abord , et
puis notre bien : c'est tout ce qu'il
nous faut ; n'est-il pas vrai ?

L'AÎNÉ.

Oui, mon papa. Mais puisque nous
avons été bien sages , vous devriez
bien nous conter quelqu'un de ces
beaux contes que vous savez,

LE CADET.

Ah! oui, mon papa.

ARLEQUIN.

Volontiers : aussi-bien, nous nous
ennuyons quand elle nous laisse seuls ;
cela nous fera passer le temps. Allons,
asseyons-nous. (Il s'assied par terre, et fait
asseoir un enfant sur chacune de ses jambes ;
les deux petits garçons écoutent attentive-
ment.) Il y avoit une fois un roi et une
reine qui s'aimoient beaucoup, et que
tout le monde aimoit.... Ceci n'est pas
un conte, au moins.

LE CADET.

Oh! nous vous croyons bien, mon
papa.

L'AÎNÉ.

Nous vous croyons comme si nous
le voyions.

ARLEQUIN.

La reine étoit aussi belle, que le roi
étoit bon ; mais ils n'avoient point

d'enfans, et cela leur faisoit du chagrin. Un jour que la reine étoit toute seule dans sa chambre, elle entendit du bruit dans la cheminée. (Les enfans se serrent contre leur papa, qui retire aussi ses jambes, et continue avec la voix moins assurée.) La reine eut un peu peur: elle regarde, et voit descendre un beau petit carrosse, traîné par six petits épagneuls verts avec les oreilles lilas. Dans le petit carrosse étoit une petite vieille fée, qui n'avoit pas un pied de haut, et qui dit à la reine: Madame la reine, vous aurez un enfant, si vous voulez consentir à devenir laide et vieille. Pourvu que mon mari m'aime toujours, répondit la reine, j'y consens de tout mon cœur. Je suis contente de vous, répondit la petite fée : non-seulement vous aurez un enfant, mais vous en aurez deux, et vous n'en serez que plus belle. Après cette parole, les six petits épagneuls verts remontèrent la cheminée

ventre à terre ; et la reine eut effectivement un beau petit prince et une belle
petite princesse , qui furent charmans
parce qu'ils ressemblèrent à leur mère.

L'AÎNÉ.

Ah ! mon papa ! voilà une bien
jolie histoire ; mais elle est bien
courte : vous devriez nous en raconter une autre.

LE CADET.

Oh ! oui , mon papa ; encore une,
s'il vous plaît.

ARLEQUIN.

Un moment. Je vous ai donné il n'y
a pas long-temps un petit livre tout
rempli d'histoires : tu m'avois promis
d'en apprendre quelqu'une par cœur ;
m'as-tu tenu parole ?

L'AÎNÉ.

Oui, mon papa ; j'en ai appris une
bien belle.

K 3

ARLEQUIN.

Je crois que tu mens , car tu rougis.

L'AÎNÉ.

Non , mon papa ; et je vais vous la raconter , si vous voulez.

ARLEQUIN.

A la bonne heure. Tant que vous serez des enfans , mon métier est de vous amuser : mais quand la vieillesse m'aura rendu enfant aussi , il faudra que vous m'amusiez à votre tour. Voilà pourquoi vous devez vous y accoutumer de bonne heure. Voyons cette histoire.

L'AÎNÉ.

Ecoutez bien , mon frère ! Il y avoit une fois deux petits garçons , jolis , jolis comme....

ARLEQUIN.

Comme vous deux.

L'AÎNÉ.

Encore plus jolis que nous.

ARLEQUIN.

C'est un peu fort.

L'AÎNÉ.

Ces deux petits garçons avoient une bonne mère ; mais ils n'avoient pas un bon père , et ce n'étoit pas comme nous. (Arlequin le baise.) La mère de ces deux petits garçons étoit très-pauvre. Un jour qu'ils étoient allés ramasser du bois pour leur mère , ils trouvèrent une vieille femme qui étoit tombée dans un fossé, et qui ne pouvoit pas s'en retirer. Sur le bord du fossé étoit une belle poule blanche qui cloquetoit , cloquetoit , comme pour demander du secours pour la vieille : les deux petits garçons se jettent dans le fossé et en retirent la bonne femme. Aussitôt la poule blanche s'en va pondre dans les chapeaux des deux petits garçons un bel œuf d'or. La vieille , qui étoit une fée , leur dit : Mes enfans, pour vous

récompenser de ce que vous venez
de faire, ma poule vous a donné un
œuf d'or ; mais moi, je veux vous
donner ma poule , à une condition
cependant : c'est que celui de vous
deux qui l'aura, ne pourra pas donner
de ses œufs à l'autre. L'aîné lui répondit : Madame, je ne veux point
d'un trésor que je ne peux pas partager avec mon frère. Le cadet dit :
Ni moi non plus , madame. Mais il
y a manière de nous arranger : donnez
la poule à ma mère ; comme cela ,
nous l'aurons tous deux. Alors la
bonne fée....

(L'on entend frapper.)

LE CADET.

Mon papa , on frappe.

ARLEQUIN.

Je vais ouvrir. Allez dans votre
chambre.

(Les enfans s'en vont.)

SCÈNE X.

ARLEQUIN, MEZZETIN.

MEZZETIN.

N'EST-CE pas ici, monsieur, que demeure une madame Argentine ?

ARLEQUIN.

Oui , monsieur.

MEZZETIN.

Est-elle chez elle, monsieur ?

ARLEQUIN.

Non , monsieur.

MEZZETIN.

Peut-on l'attendre , monsieur ?

ARLEQUIN.

Non , monsieur.

MEZZETIN.

Vous êtes son domestique, monsieur ?

ARLEQUIN.

Oui, monsieur, son premier domestique.

MEZZETIN.

Vous vondrez donc bien lui donner cette lettre de la part de M. Lélio : et vous prendrez le moment où elle sera seule ; vous entendez bien ?

ARLEQUIN.

Non, monsieur.

MEZZETIN.

Je vous dis qu'il faut donner cette lettre à votre maîtresse le plus secrétement que vous pourrez ; parce que, entre nous, je crois que c'est une lettre d'amour : et peut-être que madame Argentine a quelque père, ou quelque frère.... Je n'en sais rien, moi ; je ne suis à M. Lélio que depuis huit jours. Mais vous devez être au fait de tout cela, et prendre des précautions, pour.... Enfin.... Vous me comprenez ?

ARLEQUIN.

Je commence à vous comprendre.

MEZZETIN.

Ah çà ! n'allez pas faire quelque étourderie : je vous ai tout confié, parce que vous savez bien qu'entre nous autres nous n'avons rien de caché , et que le secret de nos maîtres appartient toujours à toute la compagnie.

ARLEQUIN.

Sans doute.

MEZZETIN s'en va et revient.

Je pense à une chose : allons attendre au cabaret le retour de madame Argentine.

ARLEQUIN.

Je vous suis bien obligé ; je n'ai pas soif.

MEZZETIN.

Ce sera donc pour une autre fois. Adieu, mon camarade.

ARLEQUIN.

Ecoutez donc , monsieur !

MEZZETIN.

Quoi ?

ARLEQUIN.

Etes-vous marié ?

MEZZETIN.

Oui, depuis long-temps.

ARLEQUIN.

Et votre femme est jolie ?

MEZZETIN.

Très-jolie. Pourquoi cela ?

ARLEQUIN.

Pour rien. (Il le salue.) Adieu, mon camarade !

(Mezzetin sort.)

~~~~~~~~~~~~~~~~~~~~~~~~~~~~~~~~~~

SCÈNE XI.

ARLEQUIN, seul.

Ce domestique-là est surement menteur comme un laquais. Mais pourquoi M. Lélio écrit-il à ma femme ? Voilà bien l'adresse : A madame, madame

madame Argentine. J'ai bien envie de
la décacheter..... Non, ce seroit manquer de respect à ma femme. D'ailleurs, si je n'y trouvois rien, je serois
fâché de l'avoir décachetée; et si j'y
trouvois quelque chose, j'en serois encore plus fâché. Il n'y a que du chagrin
à gagner. Cependant.... Non.... Il faut
être plus que sûr avant de faire voir à
sa femme qu'on la soupçonne. Atten-
dons-la; je lui donnerai cette lettre,
et nous verrons ce qu'elle me dira.....
Nous verrous.... La voici.

SCÈNE XII.

ARGENTINE, ARLEQUIN.

ARGENTINE.

JE n'ai pas été long-temps, mon bon
ami! du moins, j'ai fait ce que j'ai pu

pour revenir tout de suite. Où sont nos enfans ?

ARLEQUIN.

Ils sont de l'autre côté.

ARGENTINE.

Comme tu es sérieux ! Que t'est-il arrivé ?

ARLEQUIN.

Je ne sais pas encore ce qui m'est arrivé.

ARGENTINE.

As-tu reçu de mauvaises nouvelles? Est-il venu quelqu'un?

ARLEQUIN.

Oui : il est venu un domestique qui m'a laissé une lettre pour vous.

ARGENTINE.

Pour moi ? Et que dit cette lettre?

ARLEQUIN.

Je n'en sais rien : la voilà.

ARGENTINE, regardant.

Ah !....

ARLEQUIN.

Reconnoissez-vous l'écriture ?

ARGENTINE.

Oui.

ARLEQUIN.

De qui est-elle ?

ARGENTINE.

Elle est.... (à part) Que lui dirai-je ?

ARLEQUIN.

Eh bien !.... cela vous embarrasse.

ARGENTINE.

Mon ami, me crois-tu capable de te tromper ?

ARLEQUIN.

Répondez-moi d'abord : de qui est cette lettre ?

ARGENTINE.

Je la crois de M. Lélio.

ARLEQUIN.

Je le crois de même. Ouvrez-la. La main vous tremble.

(Argentine ouvre la lettre, et la lit avec beaucoup d'émotion.)

Eh bien ?

ARGENTINE, lui donnant la lettre.

Tenez : vous allez me croire cou-

L 2

pable ; vous aurez le droit de le penser : et cependant le Ciel m'est témoin que c'est la vertu la plus pure, le sentiment le plus honnête, qui m'empêche de me justifier.

ARLEQUIN.

Voyons. (Il prend la lettre en tremblant.) Cette lettre donne le frisson à tout le monde (Il la lit d'une voix altérée, jetant de temps en temps des regards sur sa femme.) « Ma chère amie, j'arrive ; et
» j'ai besoin de toute ma raison pour
» ne pas voler dans tes bras. Si je ne
» craignois que de me perdre, rien
» ne me retiendroit : mais je pourrois
» te compromettre ; et mon amour
» même est moins fort que cette
» crainte. Il est si important pour nous
» de tromper celui qui détruiroit
» notre bonheur ! Le nom sacré qui
» l'attache à toi suffit à peine pour
» modérer ma haine. J'espère qu'un
» jour viendra, et ce jour n'est pas
» loin, où nous pourrons nous livrer

» publiquement à notre amour et dé-
» voiler à tous les yeux les liens qui
» nous attachent l'un à l'autre. Adieu :
» tâche de venir me voir, si tu peux
» échapper aux yeux du barbare qui
» te veille : je t'attends. Tu sais si je
» t'aime. LÉLIO. »

Et moi je ne sais si je dors ou si je
veille : mais si je dors, je fais un vilain
rêve ; et si je suis éveillé.…. Oh ! je le
suis. (Il relit l'adresse.) A madame Argentine. (Il se frotte les yeux.) A madame
Argentine. Tenez, madame.

ARGENTINE.

Mon ami !.…

ARLEQUIN.

Je ne le suis plus votre ami : vous
m'avez trompé ; et c'est d'autant plus
affreux, que je ne vivois que pour
vous croire. Comment ! vous, qui me
parliez toujours de votre tendresse
pour moi ; vous, qui étiez toujours
pendue à mon bras ou à mon cou,

L 3

vous faisiez semblant de m'aimer pour
mieux me trahir ! vous m'embrassiez
pour m'empêcher d'y voir clair ! Voilà
ce qui m'indigne le plus ; car je ne
parle pas de mariage , ce n'est rien
cela auprès de l'amour.

ARGENTINE.

Eh bien !.... (A part.) Non : je serai
fidelle à ma bienfaitrice (Haut.) Je
vous demande , je vous supplie de
suspendre votre colère : je me justi-
fierai , soyez - en sûr ; et vous verrez
alors....

ARLEQUIN avec colère.

Comment vous seroit-il possible de
vous justifier? Vous sortez sans vouloir
me dire où vous allez : un domestique apporté cette lettre ; il me
recommande de vous la donner en
secret.... Vous venez de l'entendre
cette lettre , elle est claire ; il n'y a
pas une seule phrase , pas un seul mot
qui ne dise intelligiblement que vous

êtes une infidelle. Elle est bien pour
vous cette lettre : voilà votre nom,
le voilà : je le vois ; je le lis ; je n'ai
pas le bonheur d'être aveugle. M. Lélio
vous y donne un rendez-vous, où
vous avez couru, même avant de le
recevoir ; car vous venez de chez
M. Lélio, j'en suis sûr, je le sais, je
l'ai vu, je vous ai suivie. Osez m'assurer que vous ne venez pas de chez
M. Lélio.

ARGENTINE.

Je ne veux pas vous mentir; il est
vrai, je viens de parler à M. Lélio:
mais....

ARLEQUIN, au désespoir.

Et pourquoi me le dire ? Je n'en
étois pas sûr.

ARGENTINE.

Ecoutez-moi.

ARLEQUIN, furieux.

Je ne veux rien entendre : je
veux m'en aller ; je veux vous quitter...... Mon parti est pris ; ma

colère est passée. Je n'en ai plus de colère, parce que je n'ai plus d'amour ; je suis de sang froid... Mais, comme je me sens le plus fort désir de meurtrir ce visage-là qui est la cause de tous mes chagrins, vous sentez bien qu'il faut que je m'en aille.... Vous sentez bien... (Argentine effrayée s'éloigne ; il la prend par le bras et la ramène fortement à lui.) N'ayez pas peur, je sais me posséder...Je ne suis plus votre mari : je suis votre ami, votre meilleur ami ; et je vous parle comme un ami... Je vous abhorre, je vous déteste, je vous méprise : je ne peux plus soutenir votre vue ; je ne peux plus vous regarder sans me dire : Voilà une femme qui en aimoit deux, et qui leur faisoit croire qu'ils étoient un. Separons-nous dès ce moment. Restez ici, gardez vos enfans ; je ne pourrois jamais les embrasser sans vous pleurer ; j'aime encore mieux renoncer à les embrasser. Gardez tout le bien : il vient de vous ; il

me seroit odieux. Je n'ai besoin de
rien, je ne veux rien, je n'empor-
terai rien que mon cœur; et comme,
si je vous parlois plus long-temps, je
vous le laisserois peut-être , je vous
quitte pour jamais.

ARGENTINE court après.

Mon ami!....

ARLEQUIN, la repousse.

Laissez-moi : je ne vous crois
plus.

SCÈNE XIII.

ARGENTINE, seule.

MALHEUREUSE! Que devenir?
que faire? Il me croit coupable; et
je ne puis.... Courons nous jeter
aux pieds de mademoiselle Rosalba:
elle aura pitié des maux qu'elle me
cause ; elle ira me justifier elle-même

aux yeux de mon mari : c'est à elle....
Mais la voici....

SCÈNE XIV.

ARGENTINE, ROSALBA.

ARGENTINE.

MADEMOISELLE !...

ROSALBA.

Je viens de rencontrer ton mari.

ARGENTINE.

Où alloit-il ?

ROSALBA.

Chez mon père. Je lui ai donné
moi-même ce petit contrat que j'ai
fait faire pour lui, selon tes inten—
tions. Mais à peine m'a-t-il regardée ;
il a pris le papier d'un air égaré, et a
poursuivi son chemin sans me parler.
Eh quoi!.... tu pleures, ma chère

Argentine ! Qu'est - il donc arrivé?
réponds-moi vîte.

ARGENTINE.

Le plus affreux des malheurs. Ma
Lélio vous a écrit comme à l'ordinaire,
sous mon adresse. Mon mari a reçu la
lettre ; il me croit coupable ; il m'a-
bandonne : et je n'ai pas trahi votre
secret.

ROSALBA.

O ciel ! que me dis-tu? Arlequin
va chez mon père ; je le connois, il
lui dira tout ; et mon père sera plus
irrité que jamais cóntre Lélio. Peut-
être même soupçonnera-t-il la vérité,
et rien alors ne pourra le fléchir... Ma
chère amie ! pardon , pardon mille fois.
Mais je te supplie, je te conjure d'attendre ici que je revienne te parler.

(Elle sort précipitamment.)

SCÈNE XV.

ARGENTINE, seule.

ET lui.... reviendra-t-il ? irai-je le
chercher ?... Il reviendra , j'en suis
sûre ; mon cœur me le dit , et mon
cœur ne m'a jamais trompée toutes les
fois qu'il m'a parlé de lui... Attendons...
Je suis au supplice.... Mes enfans ,
revenez ; mes pauvres enfans , venez
embrasser et consoler votre mère.

(Les deux enfans reviennent.)

SCÈNE XVI.

ARGENTINE, LES DEUX ENFANS.

LE CADET.

AH ! maman ! qu'avez-vous donc ? Vous
pleurez comme quand j'ai été malade.

L'AÎNÉ.

L'AÎNÉ.

Ma chère mamau, avez-vous du chagrin ?

ARGENTINE. (Elle pleure.)

Non, mes enfans ; non, mes bons enfans : ce n'est rien ; cela se passera.

L'AÎNÉ.

Nous avons entendu mon papa qui grondoit bien fort. Est-ce lui qui vous fait pleurer comme cela ? (Ici Arlequin entre, et Argentine continue sans le voir.)

~~~~~~~~~~~~~~~~~~~~~~~~~~~~~~~~~~~~~

SCÈNE XVII.

ARLEQUIN, ARGENTINE, LES DEUX ENFANS.

———

ARGENTINE.

Vous savez bien que jamais aucun chagrin ne peut me venir par votre

J₂   M

papa; au contraire, c'est toujours lui
qui les dissipe.

LE CADET.

Ah ! le voilà. (Il court à lui.) Venez
donc vîte, mon papa ! maman pleure,
et elle dit que vous seul pouvez la
consoler.

ARLEQUIN, les repoussant tout doucement.

Laissez-moi, laissez-moi.

L'AÎNÉ.

Ah ! mon frère ! comme il a du
chagrin ! (Ils se retirent tous deux au fond
du théâtre, et y restent pendant toute la
scène d'Arlequin et de sa femme.)

ARLEQUIN.

Madame, vous êtes fâchée de me
revoir; je le suis plus que vous : mais,
comme j'ai le projet de vous oublier
entièrement, je viens vous rendre tout
ce qui pourroit me rappeler que nous
nous sommes aimés. (Il déboutonne son
habit, et ouvre un petit sac qui lui pend

au cou.) Tout est dans ce petit sac :
je l'avois mis là, (Il montre son cœur.)
pour que tout ce que nous nous étions
donné fût ensemble. Je vais vider le
sac devant vous , afin que vous n'imaginiez pas que je garde quelque chose.
(Il tire un portrait.) Voici d'abord votre
portrait. Il n'a pas changé comme
vous ; il est toujours joli : il vous ressembloit encore ce matin , mais il ne
vous ressemble plus. Le voilà, madame !
(Il le pose sur une table , et tire un papier
plié.) Voici le premier billet que vous
m'avez écrit , que Scapin me vola , et
que j'eus le bonheur de rattraper. Le
voilà , madame , je vous le rends ; je
n'aime pas à vivre avec les menteurs.
(Il tire un bouquet flétri.) Voici encore
un vieux bouquet de violettes que je
vous donnai le premier jour où je vous
fis ma déclaration. Après l'avoir porté ,
toute la journée , vous le jetâtes le soir;
j'allai le ramasser. . . . Tenez , il sent
encore bon. . . . Je n'aurois jamais cru

que ces violettes-là dureroient plus que votre amour. Les voilà , madame. (Il lui montre le sac.) Il n'y a plus rien : regardez. Ce petit sac , qui avoit été des années à se remplir , s'est vidé dans une minute. J'ai tout rendu. Ah ! diable ! j'oubliois ce qui doit vous être le plus cher... la lettre de M. Lélio ; et puis encore un contrat que mademoiselle Rosalba vient de me donner ; car c'est surement pour vous , ce contrat-là.

ARGENTINE.

Non : il est à vous.

ARLEQUIN.

A moi ! Qu'est-ce que cela veut dire ?

ARGENTINE lit.

Je vais vous l'expliquer, quoique ce ne soit pas le moment.

Mademoiselle Rosalba a voulu me donner ce matin quinze mille francs ; je lui ai demandé que ce don fût pour vous seul : c'est le contrat que vous tenez.

ARLEQUIN, jetant le contrat.

Je n'en veux point. Avez-vous ima-giné que je recevrois d'une main les lettres de M. Lélio, et de l'autre des présens·pour me consoler ? Avez-vous cru me dédommager avec de l'argent, de votre cœur que vous m'avez ôté ? Non, madame, non : personne n'est assez riche pour me payer ce que vous m'avez volé.

ARGENTINE.

Mon cœur est toujours à vous ; il n'a pas cessé d'être à vous. Je ne peux pas en dire davantage, mais vous de-vriez me deviner.

ARLEQUIN.

Vous deviner ! cela étoit bon quand nous nous aimions : ce n'est que dans ce temps-là qu'on se devine.

M 3

ARGENTINE.

Voulez-vous m'écouter un seul moment ?

ARLEQUIN.

Oh ! parlez : votre ami, M. Lélio, s'est donné la peine d'écrire ma réponse à tout ce que vous direz.

ARGENTINE.

Une femme assez malheureuse pour tromper son mari n'en vient pas au dernier crime sans lui avoir donné des sujets de plaintes moins graves : ce n'est qu'à force de négliger ses devoirs qu'elle parvient à les oublier. Si j'étois capable de vous avoir trahi ; avant d'en aimer un autre j'aurois cessé de t'aimer toi-même, j'aurois repoussé ta tendresse, j'aurois cherché à te refroidir. Et, réponds-moi, as-tu jamais remarqué la moindre diminution dans mon amour pour toi, dans mon désir de te plaire, dans mon chagrin de te quitter, dans mon plaisir de te revoir ? Rapelle-toi tous les instans

de ma vie : en ai-je été un seul sans te
dire, sans te répéter, sans te prouver
que je t'adore? ton cœur peut-il m'ac-
cuser ?

ARLEQUIN.

Il n'est pas question de mon cœur,
il ne vous accusera jamais. La vieille
habitude qu'il a de vous croire, fait
qu'il me parle toujours pour vous....
Mais je ne l'écoute pas. Voilà la lettre
qui vous condamne : cette lettre est de
M. Lélio ; M. Lélio vous aime ; vous
vous cachez de moi pour aller voir
M. Lélio : tout cela est clair... Et tenez,
M. Pandolfe lui-même, à qui je viens
de tout raconter, parce que je ne peux
pas garder mes chagrins, moi; M. Pandolfe a été plus affligé que surpris ; il
m'a dit que M. Lélio s'amusoit à être
l'amoureux de toutes les femmes qu'il
voyoit. Car il ne faut pas que vous vous
imaginiez être la seule que M. Lélio
adore. Il se moque de vous, tout comme
des autres. Il en aime peut-être dix dans

ce moment-ci ; et cette lettre-là a servi
pour une douzaine. Sans aller plus loin ,
M. Pandolfe m'a dit qu'il avoit un peu
tourné la tête à mademoiselle Rosalba.

ARGENTINE.

Et vous pensez que j'aurois été capable d'enlever un amant à mademoiselle Rosalba , à ma bienfaitrice , à celle
à qui je dois tout ! Vous imaginez que
j'aurois sacrifié ma tendresse pour toi ,
mon bonheur, mon repos , pour avoir
le plaisir de chagriner mademoiselle
Rosalba ! Non , mon ami ; l'amitié seule
m'auroit défendue : mais je l'étois assez
par mon amour, qui est aussi vif , aussi
tendre , qu'au premier jour de notre
mariage. Il est possible qu'une femme
trompe son époux , mais elle ne peut
pas tromper son amant : l'amour est
une sauve-garde encore plus sûre que
la vertu. Mon ami , je suis innocente ,
puisque je t'aime, puisque je t'adore ,
puisque je préfère la mort à ton in-

différence.... Réponds-moi.... A quoi
penses-tu?

ARLEQUIN, la regardant.

Je pense qu'il seroit bien dommage
que la fausseté eût ce visage-là.

ARGENTINE.

Livre – toi au mouvement de ton
cœur ; reviens à moi, reviens à celle
qui n'a pas cessé d'être à toi. Je ne me
relève pas que tu ne m'aies pardonné.

(Elle tombe à ses genoux; les deux enfans
accourent, et se mettent aussi à ses genoux.)

LES ENFANS.

Ah! mon papa, pardonnez à notre
maman.

ARLEQUIN, ému, relève sa
femme et se met à genoux.

C'est à toi de me pardonner d'avoir
pu te croire coupable.

LES ENFANS, à la mère.
Ah! maman, pardonnez à notre
papa.

ARGENTINE.

(Elle l'embrasse.)

Enfin me voilà heureuse. Mon ami,
je te promets qu'il ne restera pas le
moindre nuage ; je te jure que tout
sera éclairci.

ARLEQUIN.

Tout l'est, puisque tu m'as embrassé.

(Il remet dans son sac tout ce qu'il en
avoit ôté.)

ARGENTINE.

Non, mon ami ; j'exige de toi que
tu ne me quittes pas une seule minute, jusqu'au moment de ma justifi-
cation... Mais voici mademoiselle Rosalba. Comme elle est agitée ! Eh !
mademoiselle ! qu'allez-vous nous apprendre ?

SCÈNE XVIII.

ROSALBA, ARLEQUIN, ARGENTINE, LES ENFANS.

ROSALBA.

Qu'il ne manque plus rien à mon bonheur! Laisse-moi reprendre haleine; je ne me possède pas de joie.

ARGENTINE.

Je brûle d'apprendre...

ROSALBA.

Ma tendresse pour toi pouvoit seule me donner le courage que je viens d'avoir. En te quittant, j'ai couru chez mon père; Arlequin en sortoit; il lui avoit tout dit, car mon père irrité donnoit à Lélio des noms qu'il

est loin de mériter. Je me suis préci-
pitée à ses pieds : C'est moi, me suis-je
écriée, c'est moi qui l'ai épousé ; je
suis sa femme.... La femme de qui ?
a-t-il dit en me repoussant... La femme
de Lélio. A cette parole mes forces
m'ont abandonnée, mais non pas mon
père ; il m'a relevée avec fureur et
tendresse, ses mains trembloient et
n'osoient pas presser les miennes ; il
sembloit avoir peur de me pardonner. J'ai profité de l'instant, j'ai tout
avoué ; je lui ai dit que je portois dans
mon sein le gage de notre union,
que cet enfant étoit le sien ; et qu'il
lui demandoit, par ma voix, la
permission de naître pour l'aimer.
Mon amie, cette idée a fait éva-
nouir sa colère ; il est resté un
moment incertain sur ce qu'il alloit
dire. Mes yeux étoient fixés sur les
siens, mon cœur battoit de toute
sa force ; je le regardois sans parler,
il me regardoit de même : enfin
ce

ce silence a fini par un torrent de larmes qu'il retenoit depuis long-temps.
Dès que je l'ai vu pleurer, j'ai senti
qu'il alloit pardonner : je me suis élan-
cée à son cou, et les premiers mots
que sa bouche a prononcés, en se pres-
sant sur mon visage, ont été : Ma fille,
je te pardonne.

ARGENTINE, embrassant Rosalba
avec transport.

Ah! rien ne manque à mon bonheur.

ROSALBA.

Venez, mes amis, venez avec moi :
je cours chercher Lélio ; je vais le conduire aux pieds de mon père. Soyez les
témoins d'une félicité que je dois à ma
chère Argentine.

ARLEQUIN.

Mais je n'entends pas bien tout cela :
M. Lélio est donc le mari de mademoiselle Rosalba ?

N

ARGENTINE.

Voilà ce grand secret que j'avois promis de te cacher. De peur qu'il ne fût
découvert, je recevois sous mon adresse
les lettres de M. Lélio pour sa femme.
Celle d'aujourd'hui....

ARLEQUIN.

Chut, chut, je comprends toute ma
méprise : je ne me la pardonnerois pas
si j'avois eu besoin d'explication pour
me raccommoder avec toi. (Il embrasse
Argentine, et puis il prend par la main ses
deux enfans.) Mes enfans, vous vous
marierez un de ces jours; si vous avez
le bonheur, comme moi, de trouver
une honnête femme, souvenez-vous
qu'il faut toujours la croire plus que
vos propres yeux. Sans cela point de
bon ménage.

FIN.

LE BON PÈRE,

ou

LA SUITE DU BON MÉNAGE,

COMÉDIE

EN UN ACTE ET EN PROSE,

Représentée sur un théâtre de société,
le 2 Février 1783.

N 2

PERSONNAGES.

ARLEQUIN, père de Nisida.

NISIDA.

CLÉANTE, amant de Nisida.

NÉRINE, suivante de Nisida.

La scène est à Paris dans la maison
d'Arlequin.

A. S. A. S.

MONSEIGNEUR LE DUC

DE PENTHIÈVRE.

MONSEIGNEUR,

QUAND même je voudrois cacher que
j'ai eu la hardiesse de peindre Votre
Altesse Sérénissime , tout le monde et
sur-tout votre auguste auguste fille , le
devineroit , puisque mon tableau s'appelle LE BON PÈRE. Il vaut mieux
avouer ma faute et en solliciter le pardon. La tentation étoit trop grande :
assez heureux pour vivre auprès de

N 3

vous, MONSEIGNEUR, je vous ai vu avec vos enfans, avec vos vassaux, avec les pauvres, par-tout j'ai vu le bon père : j'ai mis par écrit ce que je vous ai entendu dire. Dédier cet ouvrage à votre Altesse, c'est lui rendre son propre bien.

Je suis avec un profond et tendre respect,

MONSEIGNEUR,

DE VOTRE ALTESSE SÉRÉNISSIME

Le très-humble et très-obéissant serviteur,

FLORIAN.

LE BON PÈRE,

COMÉDIE.

Le théâtre représente un sallon.

SCÈNE PREMIÈRE.

CLÉANTE, NÉRINE.

NÉRINE.

JE ne vous comprends pas, monsieur Cléante ! Quand toute la maison est dans la joie, quand nous sommes tous occupés de la fête que monsieur Arlequin notre maître donne à sa fille mademoiselle Nisida ; vous, que votre esprit et vos talens peuvent si bien servir dans cette occasion, vous paroissez plus triste que jamais.

CLÉANTE.

J'ai sujet de l'être, ma chère Né-

rine ! je viens de recevoir des nouvelles très-affligeantes.

NÉRINE.

De qui ?

CLÉANTE.

De mon régiment.

NÉRINE.

Mais contez-moi donc tout cela : ne
suis-je plus votre confidente ? Avez-vous
oublié que c'est moi seule qui vous ai
fait entrer dans cette maison ? que sans
moi vous n'auriez jamais pu parler à
mademoiselle Nisida ? Ce n'est pas pour
vous reprocher mes bienfaits , que je
vous les rappelle ; mais puisque je n'ai
rien négligé pour votre bonheur , j'ai
le droit de partager vos peines.

CLÉANTE.

J'ai toujours présent à ma mémoire
tout ce que tu fis pour moi. Sans ton
amitié , sans ton adresse , je n'aurois
pas revu Nisida depuis le jour où ,
pour la première fois , je l'aperçus

à la promenade. Ce seul moment lui
livra mon cœur. Tous mes efforts,
toutes mes tentatives pour m'introduire ici, furent inutiles : toi seule
eus pitié de moi ; tu daignas protéger
cet amour si tendre, si pur, qui ne
finira qu'avec mes jours ; tu fus la première à me travestir et à me présenter
pour secrétaire à ton maître, monsieur Arlequin. Depuis six mois je
jouis du bonheur inexprimable de
vivre, et de respirer auprès de celle
que j'adore, de la voir tous les jours,
de lui parler quelquefois. Elle ne se
doute pas que je l'aime et que je suis
digne de l'aimer : n'importe, j'étois
heureux, je bénissois mon sort ; une
lettre que je reçois de mon colonel
vient détruire cette illusion.

NÉRINE.

Que vous écrit ce colonel ?

CLÉANTE.

Tu sais que depuis trois mois j'ai
reçu l'ordre de retourner au régiment ;

je n'ai pu m'y résoudre : et mon colonel, qui s'intéresse véritablemeut à
moi, a découvert, je ne sais comment,
que j'étois dans la maison de monsieur
Arlequin sur le pied d'un secrétaire,
d'un domestique, tranchons le mot ;
et que j'oubliois tous mes devoirs pour
un fol amour qui ne peut être heureux.
Il vient de m'écrire, avec toute la sé-
vérité d'un chef, et toute la vivacité d'un
ami, que si je n'ai pas rejoint dans
huit jours, il fera nommer à ma compagnie.

NÉRINE.

Eh bien ! qu'il y nomme. Votre compagnie la plus chère, c'est nous ; et
votre premier colonel, c'est mademoiselle Nisida. Je ne m'y connois
pas, moi ; mais il me semble qu'il vaut
bien autant être le mari d'une demoiselle jeune, charmante, riche, aimable, que d'être capitaine de cavalerie.

CLÉANTE.

Tu parles toujours de mariage,
Nérine; et tu ne veux pas comprendre
qu'il est presque impossible que j'é-
pouse mademoiselle Nisida.

NÉRINE.

La raison, s'il vous plaît ! On épouse
tout le monde, excepté sa sœur.

CLÉANTE.

Je te l'ai dit cent fois. Nisida est
jeune, belle, aimable, fille unique d'un
père très-riche : et moi, militaire obs-
cur, sans fortune, presque sans nom,
car le sort qui m'a poursuivi dès le
berceau, me défend d'oser porter le
nom de mon père ; moi, destiné à
vieillir dans un régiment, ou à trouver la mort à la guerre, j'ose aimer Nisida, je me travestis, je me dégrade,
je vais perdre pour elle le seul bien
que je possède, le seul qui me fait vivre, mon état; et quand il ne me restera plus rien dans le monde que mon

amour , comment oser le déclarer à celle qui pourroit croire que c'est sa fortune que j'aime ?

NÉRINE.

J'approuve cette délicatesse , sans voir les choses comme vous les voyez. Mademoiselle Nisida est assurément tout ce que vous avez dit ; mais vous , monsieur Cléante , vous n'êtes pas si fort au-dessous d'elle. D'abord , pour les qualités et les agrémens , sans vous flatter , vous vous ressemblez beau-coup. Je sais que ce petit article , qui fait tout dans le mariage , est compté pour rien dans le contrat : mais mon-sieur Arlequin , le père de mademoi-selle Nisida , convient lui-même qu'il n'est qu'un simple bourgeois d'une petite ville d'Italie , et qu'il ne pos-sède ses richesses que par un hasard singulier. Vous êtes un homme de con-dition , capitaine de cavalerie à vingt ans ; aimé , considéré de tous ceux qui

vous

vous connoissent; jamais votre réputation n'a été effleurée par la moindre
étourderie....

CLÉANTE.

A cela je n'ai point de mérite; quand
on est pauvre, on n'a que la ressource
d'être sage.

NÉRINE.

Cela peut être; mais bien des gens
ignorent leurs ressources. La fortune
est donc la seule qui ne vous ait pas
bien traité. C'est un malheur pour
vous, et un bonheur pour celle qui
vous épousera : car vous lui devrez tout;
et il me semble qu'il faut bien estimer
quelqu'un pour consentir à lui devoir
tout.

CLÉANTE.

Ces réflexions-là ne me sont pas
permises.

NÉRINE.

Ecoutez-moi, monsieur! J'ai toujours
eu une manière de me conduire qui
m'a réussi. Mon grand principe, c'est

I.   O

qu'il faut céder à son cœur toutes les fois qu'il est plus fort que notre raison. Examinez-vous bien. Si vous croyez pouvoir oublier mademoiselle Nisida, il faut retourner à votre régiment, suivre le service, et reprendre par votre mérite la place que le sort vous a ôtée : s'il vous est impossible de vivre sans mademoiselle Nisida, ma foi, il faut rester ici plutôt que de mourir ; il faut lui parler, lui découvrir qui vous êtes, lui dire que vous l'aimez...

CLÉANTE.

Oh ! jamais je n'oserois, Nérine !....

NÉRINE.

Oh ! si la peur vous prend, tout est perdu. Mettez-vous donc bien dans la tête, que depuis que le monde est monde, il n'y a jamais eu d'homme étranglé par une femme, pour lui avoir dit qu'il l'aimoit. De tous les tours qu'on peut nous jouer, c'est celui-là que nous pardonnons le plus aisément : je vous dis le secret du corps, moi ; c'est à vous d'en profiter.

CLÉANTE.

Mais....

NÉRINE.

J'en sais plus que vous : et votre bouheur m'est aussi cher que le mien ; car je ne sais pas pourquoi l'on s'intéresse toujours à ceux qui ne sont bons qu'à nous donner du chagrin : croyez-moi, suivez mes avis, vous réussirez.

CLÉANTE.

Je ne demande pas mieux : que faut-il faire ?

NÉRINE.

Commencez par aller écrire à votre colonel, et demandez un mois de délai. Pendant ce temps, je me charge de vous faire expliquer vous et mademoiselle Nisida. (Cléante la regarde, et ne sort point.) Allez donc, ne perdez pas de temps. Faut-il que ce soit moi qui écrive à votre colonel ?

O 2

CLÉANTE.

Comme tu es vive ! Attends un moment....

NÉRINE.

Il n'y a point à attendre , allez écrire; reposez-vous sur moi du reste , et re-prenez cette gaieté charmante qui vous fait aimer de tout le monde. Songez que c'est aujourd'hui la fête de votre maîtresse ; occupez-vous du bouquet, du compliment que vous devez lui faire. Je veux bien me charger de tout ce que vous trouvez de difficile ; mais j'exige que vous soyez très-aimable , parce que cela vous est fort aisé.

CLÉANTE.

Je ne le serai jamais tant que toi; mais du moins je t'obéirai aveuglément.

(Il lui baise la main , et sort. Arlequin paroît et voit Cléante baiser la main de Nérine.

Arlequin doit être en habit de velours noir, veste de drap d'or , perruque à trois marteaux , culotte et masque d'Arlequin.)

SCÈNE II.
ARLEQUIN, NÉRINE.

ARLEQUIN.

FORT bien; je ne m'étonne plus, Nérine, si tu me fais si souvent l'éloge de
Cléante.

NÉRINE.

Je vous assure, monsieur, que ce
qui nous lie le plus, monsieur Cléante
et moi, c'est notre extrême attachement
pour vous et pour mademoiselle votre
fille.

ARLEQUIN.

Je ne te demande pas son secret :
vous êtes libres tous deux, vous vous
convenez ; vous avez raison de vous aimer ; c'est une des plus douces consola-
tions de la vie. Où est ma fille ?

NÉRINE.

Elle est renfermée dans son cabinet ;
depuis quelque temps elle aime beaucoup à être seule.

O 3

ARLEQUIN.

Il ne faut pas la déranger. Crois-tu qu'elle se doute de la petite fête que je lui prépare pour ce soir.

NÉRINE.

Je ne le crois pas, monsieur.

ARLEQUIN.

Nos musiciens viendront-ils?

NÉRINE.

Ils doivent être ici de bonne heure; et je les ferai cacher dans le petit sallon, pour que mademoiselle Nisida ne puisse pas les voir.

ARLEQUIN.

C'est bien. L'important est que ma fille ne s'attende à rien, et qu'en sortant de table, elle trouve le sallon tout en fleurs, tout en lumière, avec une musique terrible, et son nom écrit partout en guirlandes. Ensuite les marchands entreront, et tu auras soin de faire porter dans la chambre de Nisida tout ce qui aura l'air de lui plaire. Je payerai tout; je suis riche, et je ne

trouve bien employé que l'argent dé-
pensé pour ma fille. Avoue que j'ai
raison, et que ma Nisida est charmante.

NÉRINE.

Tout le monde n'a qu'un avis là-
dessus.

ARLEQUIN.

C'est qu'elle ressemble à sa mère,
ma pauvre Argentine, que j'ai tant
pleurée. Hélas! après vingt ans de mariage, je l'ai perdue au moment où je
fis ma grande fortune. Nous n'avions
jamais eu qu'une seule querelle ; encore étoit-ce moi qui avois tort. Tiens,
voilà son portrait, voilà tout ce qui
m'en reste......Ah ! Nérine, ne te marie
jamais; il est si affreux de s'aimer et de
mourir l'un après l'autre !

NÉRINE.

Allons, monsieur, pourquoi vous
affliger?...

ARLEQUIN, pleurant.

Ce n'est pas s'affliger que de pleurer

ceux que l'on regrette; au contraire,
Nérine, j'ai du plaisir à me rappeler
ma femme et mes deux petits garçons.
Comme j'étois heureux quand ils vi-
voient! Nous n'étions pas riches; mais
nous avions la paix, la joie et l'amour:
avec cela, on ne manque pas de grand'-
chose. Hélas! ils ont tout emporté.

NÉRINE.

Comment pouvez-vous oublier ce
qui vous reste? L'estime générale,
une grande fortune, des amis, une
fille unique dont vous devez être fier,
tout vous assure une vieillesse douce
et honorable. Mademoiselle Nisida ne
tardera guère à se marier; elle sera
heureuse, car vous êtes assez riche
pour lui laisser choisir un époux selon
son cœur. Votre gendre, votre fille,
vos petits enfans, vous béniront, vous
soigneront; vous serez au milieu d'eux
le point de réunion de leur bonheur
et de leur tendresse. Allez, allez,

monsieur ; c'est peut-être le plus doux
moment de la vie ; et je crois qu'un
vieillard entouré de ceux qu'il a com-
blés de biens, a cent fois plus de vrais
plaisirs que le plus heureux jeune
homme.

ARLEQUIN.

J'espère que tu as raison : d'ailleurs,
je me dis tous les jours que les pleurs
ne servent de rien. Aujourd'hui, il ne
m'est pas permis d'être triste ; parlons
de ma fille. Je voudrois bien pouvoir
trouver quelque joli couplet que je
lui chanterois ce soir : mais je n'ai
jamais fait de vers ; et il ne suffit pas
de bien penser, pour bien dire.

NÉRINE.

Pardonnez-moi, cela suffit quand
c'est pour sa fille que l'on travaille.

ARLEQUIN.

Depuis hier au soir, je rumine ce
projet-là ; mais ces diables de rimes ne
viennent point : voilà tout ce qui m'embarrasse ; car, sans la rime, je ferois

des vers comme de la prose.... Ecoute ;
appelle Cléante, pour qu'il vienne
écrire sous ma dictée , et va-t'en ; oui,
va-t'en ; je crois que je suis dans un
bon moment.

NÉRINE.

Dépêchez-vous d'en profiter ; je vais
vous envoyer monsieur Cléante.

(Elle sort.)

SCÈNE III.

ARLEQUIN, seul.

VOYONS donc si je ne pourrai pas
faire un petit madrigal ; quand il ne
scroit que de quatre vers.... Il y a tant
de jolies choses à dire de ma fille !
Voyons.... (Il se met à son bureau, et rêve.)
C'est le commencement qui est toujours le plus difficile...Il faut pourtant
bien commencer.... O ma fille !.... Cela
n'est pas mal : O ma fille !.... c'est fort

bien.... (Il écrit.) Cependant, O ma
fille, c'est trop grand, trop poétique :
je m'envais ôter l'O. Ma fille ; c'est
plus simple et plus doux : ma fille. Oui :
mais cela ne suffit pas ; il faudroit encore quelque chose. Ma fille, c'est une
belle pensée, mais c'est trop court.....
Où est donc ce Cléante ? Depuis six
mois que j'ai un secrétaire, voici la
première fois que j'en ai besoin, et il
n'est pas là. C'est bien la peine... Ah !
le voici.

SCÈNE IV.

ARLEQUIN, CLÉANTE.

ARLEQUIN.

ARRIVE donc, mon ami, j'ai tout plein
de choses à te dicter ; mets-toi là, et
écris ce que je vais te dire.

CLÉANTE, s'assied.

Quand vous voudrez, monsieur !

ARLEQUIN.

Mon ami ! ce sont des couplets que j'ai faits pour la fête de ce soir ; ils ne sont pas encore finis, mais il faut toujours les écrire, parce que je n'ai point de mémoire, et mes vers m'échappent... avant d'être faits. Allons, prends du grand papier, le plus grand, et écris : Couplets à ma fille, le jour de sa fête.

CLÉANTE, écrivant.

Le jour de sa fête.

ARLEQUIN.

Ma fille....

CLÉANTE.

Ne faut-il pas écrire d'abord sur quel air vous les avez faits ?

ARLEQUIN.

Sur quel air ?

CLÉANTE.

Oui, monsieur.

ARLEQUIN.

L'air ne me regarde pas ; je ne me charge que des paroles.

CLÉANTE.

CLÉANTE.

Mais puisque vous voulez que ces paroles se chantent, vous les avez faites sur un air ?

ARLEQUIN.

Non, en vérité : je n'y ai pas songé.

CLÉANTE.

Cela est pourtant nécessaire.

ARLEQUIN.

Oh bien ! tu feras l'air, toi, quand j'aurai fait les paroles. Je ne peux pas tout faire.

CLÉANTE.

Couplets à ma fille le jour de sa fête.

ARLEQUIN.

Fort bien ; écris à présent : Ma fille...

CLÉANTE.

Ma fille....

ARLEQUIN.

As-tu mis ?

CLÉANTE.

Oui, monsieur.

ARLEQUIN.

Un moment.... Tu as mis, Ma fille?

P.

CLÉANTE.

Oui, monsieur.

ARLEQUIN, rêvant.

C'est très-bien.... Mets une virgule.

CLÉANTE.

J'attends , monsieur.

ARLEQUIN.

Moi aussi.

CLÉANTE.

Comment?

ARLEQUIN.

Sans doute ; je n'ai fait que cela encore.

CLÉANTE.

Vous n'êtes pas très-avancé.

ARLEQUIN.

J'ai toujours mon commencement...
Tu devrois bien m'aider un peu.

CLÉANTE.

Vous avez trop de sensibilité , vous aimez trop mademoiselle Nisida , pour avoir besoin d'un aide ; il est si facile de la louer ! Dites-moi ce que vous pensez pour elle, je l'écrirai; les vers s'arrangeront d'eux-mêmes.

ARLEQUIN.

Je crois que tu dis vrai : voyons ; je voudrois lui faire un petit compliment sur sa figure, ses qualités, son esprit.... que cela fût tourné.... d'une manière gentille, avec un peu...Charge-toi de mettre des rimes à ces vers-là.

CLÉANTE, rêvant.

Je vous entends bien.

ARLEQUIN.

Tu entends bien ? voilà mon premier couplet.

CLÉANTE.

Il est écrit.

ARLEQUIN.

Fort bien; à présent je m'en vais faire le second. Ecris ces vers-ci : Que ce n'est pas à son père à la louer ; mais que tout le monde parleroit comme son père.... et rime toujours au moins.

P 2

CLÉANTE.

Il le faut bien. (Il rêve et écrit.) C'est écrit, monsieur !

ARLEQUIN.

Me conseilles-tu d'en faire encore un ?

CLÉANTE.

Il me semble que deux suffisent.

ARLEQUIN.

Tu n'as qu'à dire, je suis en train ; mais je crois qu'en voilà bien assez. Prends cette mandoline, et chante-moi les couplets que je viens de faire, pour que je corrige.

CLÉANTE.

(Il chante en s'accompagnant de la mandoline.)

Ma fille unit aux graces de son âge
Des dons plus sûrs pour fixer le bonheur;
Et l'on ne sait que chérir davantage
De sa beauté, son esprit ou son cœur.

ARLEQUIN.

C'est mot à mot ce que j'ai dit; je croyois cela plus difficile. Voyons l'autre couplet.

CLÉANTE chante.

Je peux flatter une fille si chère,
Mais l'on pardonne à ce doux sentiment :
Si je la vois avec les yeux d'un père,
Tout autre aura les yeux d'un tendre amant.

ARLEQUIN, surpris.

C'est moi qui ai fait celui-là ?

CLÉANTE.

Vous venez de me le dicter.

ARLEQUIN.

Cela est vrai ; mais il n'avoit pas l'air
si joli quand je l'ai fait. C'est fort bien,
fort bien ; je ne vois rien là à corriger.
Sans me flatter, conviens qu'ils ne sont
pas mal.

SCÈNE V.

ARLEQUIN, CLÉANTE, NÉRINE.

NÉRINE.

MONSIEUR, on vous demande.

ARLEQUIN.

Comment ! je ne peux pas travailler une minute en repos ! Il faut toujours qu'on me dérange. Qui me demande ?

NÉRINE.

C'est ce monsieur habillé de noir qui est venu hier matin.

ARLEQUIN.

Ah ! c'est différent : cette affaire-là est plus intéressante que toutes les miennes, elle regarde ma fille.

NÉRINE.

Il vous attend dans votre cabine

ARLEQUIN.

J'y vais. (à Cléante.) Mon ami, je suis on ne peut pas plus content de moi et de toi aussi ; et je te prépare quelque chose qui te prouvera mon amitié : laisse-moi faire, sois tranquille. Ce petit couplet de l'amant qui est le père ; le père, l'amant ; c'est très-joli, très-joli.

(Il s'en va en chantant les couplets.)

SCÈNE VI.
CLÉANTE, NÉRINE.

NÉRINE.

MONSIEUR Arlequin paroît enchanté de vous, tant mieux : continuez à vous en faire aimer. Ou je me trompe fort, ou sa fille pourroit bien lui en donner l'exemple.

CLÉANTE.
Et sur quoi juges-tu ?...

NÉRINE.
Sur ce que je viens de voir. Vous souvenez-vous de cette chanson si tendre que vous fîtes, il y a un mois, que monsieur Arlequin trouva charmante, et sur laquelle mademoiselle Nisida ne dit pas un seul mot ?

CLÉANTE.
Oui : eh bien ?

NÉRINE.
Tout-à-l'heure j'ai été, par hasard,

jusques à la porte du cabinet de mademoiselle Nisida; elle y étoit enfermée.
J'ai entendu sa guitare, j'ai écouté:
elle chantoit votre chanson, tout dou-
cement, à demi-voix, mais avec un
accent bien tendre, et qui prouvoit
qu'elle y prenoit plaisir. Monsieur!
quand les auteurs nous sont indiffé-
rens, on n'a pas peur de louer leurs
ouvrages, et l'on ne va pas s'enfermer
pour chanter tout bas leurs chansons.

CLÉANTE.

Voilà une belle preuve !

NÉRINE.

Plus claire que vous ne pensez.......
Mais la voici : allons, tâchez de lui
parler, de lui faire entendre que vous
l'aimez. Vous avez de l'esprit avec tout
le monde, excepté avec elle.

CLÉANTE.

C'est que je n'ai de l'amour que pour
elle.

NÉRINE.

La voilà : du courage; je vous aide-
rai tant que je pourrai.

SCÈNE VII.

NISIDA, CLÉANTE, NÉRINE.

NISIDA.

Je croyois mon père ici, Nérine !

CLÉANTE.

Il y étoit tout-à-l'heure, mademoi-
moiselle ! mais il est enfermé avec un
homme d'affaires.

NÉRINE.

Il nous a même dit que c'étoit pour
quelque chose qui vous regardoit.

NISIDA.

Il est toujours occupé de mes plaisirs ou de mon bonheur.

NÉRINE.

Que sait-on ? Peut-être songe-t-il à
se donner un aide pour vous rendre
heureuse.

NISIDA.

Que veux-tu dire ?

NÉRINE.

Je veux dire qu'il s'occupe sans
doute de vous chercher un mari.

NISIDA, vivement.

Ah ! j'espère que non.

NÉRINE.

Cela vous feroit du chagrin ?

NISIDA, froidement.

Tout changement à mon sort ne
pourroit que m'être désagréable. Je suis
heureuse avec mon père, je n'aime que
lui, je ne veux aimer que lui : il ne
respire que pour moi. Ce sentiment
suffit à mon cœur comme à ma félicité.

CLÉANTE.

Ajoutez à tant de raisons la certitude
de ne jamais trouver un époux digne de
vous. Quand même sa fortune et son
rang seroient au-dessus des vôtres;
quand même il seroit le plus aimable
des hommes; vous feriez encore un
mariage inégal.

NISIDA.

Vous me louez toujours, Cléante !
j'en suis fâchée ; car j'aime à causer
avec vous, et cela m'en empêche.

NÉRINE, bas à Cléante.

Allez donc...Oh ! le poltron ! (haut)
Moi, qui ne vous loue point, mademoiselle, et qui ne vous en suis pas
moins attachée, je n'approuve pas cet
éloignement pour le mariage. Vous êtes
faite pour vous marier ; mais je veux
que ce soit avec un homme dont l'âge
et les qualités vous conviennent. Monsieur votre père est trop vieux pour le
chercher, vous êtes trop jeune pour le
choisir, si vous voulez, je le trouverai, moi, je m'en charge.

NISIDA.

Tu es folle, Nérine.

NÉRINE.

Non, je parle très-sérieusement ; je
vois d'ici ce qu'il vous faut. Dites un
seul mot, et je vous amène un jeune
homme, bien fait, d'une jolie figure,

d'un caractère doux et sensible , d'un
esprit fin et aimable ; en un mot, un
époux rempli d'honneur, de grâce et
d'amour. Si cela vous convient, vous
n'avez qu'à parler.

N I S I D A.

Et tu répondras de toutes ces qualités , même de l'amour qu'il aura pour
moi ?

N É R I N E.

Oh ! c'est justement ce que je garan-
tis le plus.

C L É A N T E.

C'est pourtant le plus difficile à
prouver. Quand on est la fille unique
d'un homme opulent , on a le droit
malheureux de ne jamais se croire
aimée. La fortune fait payer ses bienfaits même à l'amour-propre : vous avez
beau être jeune, belle, charmante ; vous
êtes riche , ce mot seul arrêtera tout
amant tendre et délicat. Il doit être
bien difficile de ne pas vous aimer,
mais

mais il est impossible d'oser dire que l'on vous aime.

NISIDA.

Ce n'est pas à mon âge que l'on fait de si tristes réflexions ; et si jamais.....

CLÉANTE, vivement.

Si jamais....

~~~~~~~~~~~~~~~~~~~~~~~~~~~~~~~~~~

SCÈNE VIII.

NISIDA, CLÉANTE, NÉRINE, ARLEQUIN.

ARLEQUIN.

BON jour, ma chère enfant ; je te souhaite une bonne fête : mais tu n'auras ton bouquet que ce soir, parce que je veux te surprendre. Je t'ai fait des couplets, nous aurons de la musique, feu d'artifice, illumination : tu verras, tu verras quelque chose à quoi tu ne t'attends pas.

Q

NISIDA.

Comment, mon père ! vous avez la bonté....

ARLEQUIN.

Ne me questionne point, parce que je ne veux pas que tu saches un seul mot de tout cela. D'ailleurs, j'ai à te parler d'affaires plus importantes, que, graces au Ciel, je viens de terminer. Cléante et Nérine y sont pour quelque chose ; ainsi je peux m'expliquer devant eux. Tu connois bien ce marquis d'Yrville, dont tout le monde dit du bien, que tu m'as souvent vanté toi-même, et qui te fait un peu la cour depuis quelques mois ?

NISIDA.

Eh bien ? mon père !

ARLEQUIN.

Eh bien ! ma chère amie, je viens d'arrêter ton mariage avec lui.

CLÉANTE, à part.

O ciel !

NISIDA.

Avec le marquis d'Yrville ?

ARLEQUIN.

Oui, mon enfant ! J'ai eu de la peine
à en venir à bout : mais pour aplanir
les difficultés, je te donne, le jour du
mariage, tout ce que je possède.

NISIDA.

Et vous ? mon père !

ARLEQUIN.

Oh ! moi ! la plus sûre manière pour
que je ne manque de rien, c'est que
tu aies tout. D'ailleurs, tu me rendras
service ; car, si tu veux que je te parle
franchement, mon argent m'ennuie ;
c'est toujours la même chose, il faut
passer sa vie à compter. Si l'on n'avoit
pas quelquefois le plaisir de donner,
cela seroit insupportable.

NÉRINE.

Mais êtes-vous sûr, monsieur, que
mademoiselle votre fille...

ARLEQUIN.

Quant à toi, Nérine, je ne t'ai pas
oubliée : j'ai remarqué depuis long-
temps l'amitié qui règne entre Cléante

Q 2

et toi : j'ai profité de l'occasion pour
faire votre bonheur à tous deux. Je
t'assure une dot fort honnête , et tu
épouseras Cléante le jour même du mariage de ma fille.

NÉRINE.

J'épouserai monsieur Cléante., moi ?

ARLEQUIN.

.. Oui. Tu ne t'y attendois pas , n'est-
il pas vrai ? J'ai voulu vous surprendre;
parce que les choses qu'on désire , font
cent fois plus de plaisir quand elles viennent sans qu'on y pense. Eh ! bien !...
vous voilà tous interdits... Vous ne me.
remerciez seulement pas.... Qu'as - tu
donc , Cléante ? Je ne t'ai jamais vu
comme te voilà.

NÉRINE.

Il faut lui pardonner , monsieur !
c'est l'amour... la joie.... Ce pauvre
garçou ne s'attendoit pas à m'épouser
si promptement.

ARLEQUIN.

Ma chère Nisida , tu n'as pas l'air

d'être contente de ce que je viens de t'apprendre. Ecoute donc : je désire vivement de te voir la femme du marquis d'Yrville, et je t'en dirai les raisons ; mais si cela ne te convient pas, tu me diras les tiennes, qui seront les meilleures.

NISIDA.

Mon père ! je suis pénétrée de reconnoissance et d'amour pour vous...... Mais je voudrois vous parler sans témoin.

ARLEQUIN.

Tu m'inquiètes, ma fille ! (à Cléante et Nérine.) Elle dit qu'elle veut me parler sans témoin ; je crois qu'il faut que vous vous en alliez.

CLÉANTE, en sortant.

Nérine, que devenir ?

NÉRINE.

Rien n'est encore perdu.

~~~~~~~~~~~~~~~~~~~~~~~~~~~~~~~~~~~~

SCÈNE IX.

ARLEQUIN, NISIDA.

ARLEQUIN.

J'AVOIS cru te plaire en arrangeant ce mariage ; me serois-je trompé ? N'aimes-tu pas le marquis ?

NISIDA.

Je ne l'ai jamais aimé. Il s'est occupé de moi , et j'ai rendu justice à ses qualités estimables : mais , qu'il y a loin de l'estime à l'amour !

ARLEQUIN.

Ma foi , je me suis donc trompé. Tu m'en as toujours dit du bien ; je le vois te chercher dans toutes les maisons où nous allons ; quand il cause avec toi , tu as un air contraint et embarrassé : j'avois pris tout cela pour de l'amour. Il n'en est rien : je retirerai ma parole , parce que la première condition étoit que le mariage te conviendroit. Pardonne-moi, je t'en prie, le petit moment de chagrin que je t'ai causé; j'en suis plus fâché que toi-même.

(Il lui tend la main que Nisida baise avec tendresse.)

NISIDA.

Ah ! mon père !

ARLEQUIN.

Je te promets que je ne ferai plus pareille étourderie. Dorénavant, je te rendrai compte tous les matins de ceux qui t'auront demandée en mariage la veille, et je ne ferai les réponses que sous ta dictée.

NISIDA.

Mais pourquoi vous occuper de m'établir ? Je suis si heureuse avec vous ! Je n'ai pas un désir, je ne forme pas un souhait, que vous ne l'accomplissiez. Laissez-moi dans cette douce position : je ne connois pas le bonheur d'une femme, et celui de la plus heureuse des filles me suffit. Oui,

quand bien même, ce qui est impossible, vous me donneriez un époux qui
vaudroit mon père, je serois fâchée
de partager mon cœur : je ne veux
aimer que vous, je ne veux rien devoir
qu'à vous.

ARLEQUIN.

Ma chère enfant, tu n'as pas besoin
de m'attendrir pour faire de moi tout
ce que tu voudras. D'abord, mariée
ou non mariée, tu ne me quitteras jamais; j'en mourrois tout de suite, et je
veux vivre encore quelques années.
Quant à ta répugnance pour prendre
un époux, tu conviendrois peut-être
qu'il est nécessaire de la surmonter si
tu savois l'histoire de ma fortune.
Ecoute-la d'abord; ensuite nous raison-
nerons ensemble comme deux bons
amis qui n'ont qu'un même intérêt. Je
conseillerai, et tu décideras.

NISIDA.

Ah ! mon père !... je vous écoute.

(Ils s'asseyent.)

ARLEQUIN.

Ma chère amie ! j'ai toujours été un
honnête homme ; mais je n'ai pas toujours été de ceux que l'on appelle les
honnêtes gens, car les gens riches sont
convenus de s'appeler ainsi, exclusi-
vement. J'étois pauvre, moi, et j'ha-
bitois avec ta mère la petite ville de Bergame. Tu n'étois pas encore née, lors-
qu'un seigneur français, nommé le
comte de Valcour, vint s'établir dans
notre ville, et acheta la maison où nous
avions un appartement : il nous le con-
serva. Il me fit amitié ; je le lui rendis
du meilleur de mon cœur : au bout de
six mois il ne pouvoit plus se passer
de moi. Ce comte de Valcour étoit un
fort bon homme, mais il avoit épousé secrètement en France une fort
mauvaise femme qui se conduisoit
très - mal. Un beau matin, le comte
s'en alla, en laissant à cette femme
la moitié de sa fortune pour elle
et pour un fils de six mois qu'elle

avoit, et dont le comte n'a jamais
voulu entendre parler. J'ai demeuré
douze ans avec ce monsieur de Valcour dans la plus tendre intimité ; il y
en a douze qu'il est mort, et qu'il m'a
fait héritier de tout le bien qu'il avoit
apporté en Italie.

NISIDA.

Je n'en suis pas étonnée.

ARLEQUIN.

Tant que j'avois été pauvre, j'avois
été heureux ; sitôt que je fus riche,
les chagrins vinrent : je perdis ta
pauvre mère et tes deux frères. Tout
cela me fit prendre mon pays en aver-
sion : je réalisai mon bien, et je vins
m'établir à Paris avec toi, qui n'avois
pas alors plus de six ans. Je plaçai
bien mon argent ; mes fonds sont à
peu près doublés depuis dix ans : de
sorte, ma chère fille, que j'ai, ou
pour mieux dire, tu as soixante mille
livres de rente qui ne doivent rien à

personne. Cela est fort joli. Mais si je venois à mourir, tu te trouverois seule, étrangère, sans famille, sans appui, dans la ville la plus dangereuse du monde, et dans un âge où la plus légère étourderie feroit le malheur du reste de tes jours. Voilà pourquoi, ma chère fille, je voudrois te voir mariée à un homme estimable, considéré, comme le marquis d'Yrville, qui ne sera occupé que de te rendre heureuse, et remplacera du moins ton pauvre père qui se fait déjà bien vieux. Voilà mes raisons, ma chère amie ! et si tu n'as pas de répugnance pour le marquis, je te demande comme une grace d'assurer ton bonheur après moi.... Tu pleures ! tu ne me réponds pas !

NISIDA.

Ah ! mon père ! je ferai ce que vous voudrez : mais si vous pouviez lire dans mon cœur, si j'avois la force de vous dire.......

ARLEQUIN.

Quoi ! ma fille ! as-tu quelque secret pour moi ? Cela ne seroit pas juste ; tu sais bien que je n'en eus jamais pour ma Nisida.

NISIDA.

Non. Je ferai mon devoir ; j'en aurai la force : moins vous ordonnez, plus je veux obéir. Mais j'ai deux graces à vous demander : elles sont importantes, elles sont nécessaires au repos de ma vie : c'est de différer ce mariage, et de me mettre au couvent.

ARLEQUIN.

Au couvent ! (Ils se lèvent.)

NISIDA.

Oui, mon père ! j'en ai besoin ; j'ai besoin de solitude et de réflexion.

ARLEQUIN.

Tu n'y songes pas, Nisida ! toi, au couvent ! cela est bon pour les filles que leurs pères n'ont pas le temps d'aimer. Eh ! que deviendrois-je ?

quand

quand je ne te verrois plus? Ma chère
enfant! d'où peut te venir une résolu-
tion si cruelle pour moi? Ton cœur
s'est-il donné? aimes-tu quelqu'un?

NISIDA, *se cachant le visage.*
Oui, mon père.

ARLEQUIN.
Eh bien! voilà un grand malheur!
Tu n'as qu'à me le nommer, je m'en
vais l'aimer aussi.

NISIDA.
Ah! il m'est impossible de le nommer sans rougir.

ARLEQUIN.
Tu ne peux pas rougir avec moi:
ne suis-je pas ton père? ton honneur
n'est-il pas le mien? Ouvre-moi ton
cœur, ma fille! peut-être à nous deux,
nous viendrons à bout de te rendre
heureuse.

NISIDA.
Eh bien! mon père, apprenez ce
que j'ai voulu cent fois me cacher à

I.   R

moi-même ; guérissez-moi d'une passion que je combats sans cesse , et qui
renaît toujours plus violente. J'aime...
J'aime...

ARLEQUIN.

Qui donc ?

NISIDA.

Cléante.

ARLEQUIN.

Mon secrétaire ?

NISIDA.

Il n'est pas fait pour l'être , j'en
suis sûre ; mais je n'en sens pas moins
tout le malheur de mon choix. Je ne
vous demande que de me secourir , et
j'ose vous répondre que je surmonterai
cet invincible penchant. Eloignez-moi
de Cléante, et j'espère tout de mon courage, du temps , et sur-tout de l'absence.

ARLEQUIN.

As-tu confié ce secret à quelqu'un ?

NISIDA.

Comment pouvez-vous le penser,
puisque vous ne le saviez pas?

ARLEQUIN.

Il est vrai, j'ai tort. Ecoute-moi :
je n'ai pas oublié que je ne vaux pas
mieux que Cléante; et si j'étois encore en Italie, où tout le monde sait
qui je suis, je n'hésiterois pas à te le
donner : mais ici, où, par amour
pour toi, j'ai fait la sottise d'avoir de
la vanité, cela devient plus difficile.
Cependant....

NISIDA.

Non, mon père, non, c'est à moi
de mettre des bornes à votre excessive
bonté. Plus vous faites pour moi, plus
je dois faire pour vous. Je surmonterai
ma passion, je l'immolerai au bonheur de votre vieillesse. Eloignez-moi
de Cléante, je vous le demande,
je vous en supplie; donnez-moi du
temps...... et j'épouserai le marquis
d'Yrville.

R 2

ARLEQUIN.

Tu n'épouseras point le marquis
d'Yrville ; mais il faut essayer de te
guérir. Tu es bien malade, mon enfant ! je serai ton médecin ; et si les re-
mèdes te font trop de mal , nous les
cesserons tout de suite : c'est t'en dire
assez. Adieu : laisse-moi, et viens m'embrasser encore.

NISIDA, l'embrassant

Ah ! je ne le verrai plus.

(Elle sort en pleurant.)

SCÈNE X.

ARLEQUIN, seul.

JE suis bien malheureux; je vais affliger ma fille ! mais il faut pourtant
bien la sauver. Holà ! quelqu'un.

(Nérine paroît.)

~~~~~~~~~~~~~~~~~~~~~~~~~~~~~~~~~~~~

SCÈNE XI.
ARLEQUIN, NÉRINE.

————

ARLEQUIN.

DITES à Cléante que je veux lui parler.

NÉRINE.

Est-ce pour le gronder ? monsieur !

ARLEQUIN.

Faites ce que je vous dis.

NÉRINE.

C'est que vous avez un air....

ARLEQUIN.

Allons, je vois bien que vous ne
voulez pas y aller ; je vais l'appeler
moi-même.

NÉRINE.

J'y vais, j'y vais, monsieur ! (à part)
Jamais je ne l'ai vu si en colère.

R 3

~~~~~~~~~~~~~~~~~~~~~~~~~~~~~~~~~~~~~~

SCÈNE XII.

ARLEQUIN, seul.

JE n'aurai jamais la force de lui donner son congé : cependant il est nécessaire qu'il s'en aille ; cela est impossible autrement. Ce pauvre garçon ! C'est ma faute aussi d'avoir pris chez moi un jeune homme charmant, qui doit tourner la tête à toutes les femmes qui le verront. Je ne sais comment il arrive qu'avec la meilleure intention du monde je fais toujours tout de travers. Le voici ! je n'oserai jamais le prier de s'en aller.

SCÈNE XIII.
ARLEQUIN, CLÉANTE, NÉRINE.

CLÉANTE.

Vous m'avez demandé? monsieur !

ARLEQUIN.

Oui, mon ami ! j'ai à te parler : il faut
même que nous soyons seuls. Laisse-
nous, Nérine !

NÉRINE, à part.

Que signifie tout ceci ?

(Elle reste.)

ARLEQUIN.

Mon ami ! je suis fort embarrassé...
(à Nérine) Je t'ai déjà dit de t'en aller,
Nérine !

NÉRINE.

Je le sais bien, monsieur !

ARLEQUIN.

Eh bien ! que fais-tu là ?

NÉRINE.

Vous le voyez bien, monsieur, je
m'en vais.

(Elle sort.)

~~~~~~~~~~~~~~~~~~~~~~~~~~~~~~~~~~~~~~

SCÈNE XIV.
ARLEQUIN, CLÉANTE.

ARLEQUIN.

Mon cher ami! je ne sais comment t'apprendre une nouvelle qui te fera de la
peine, et qui m'afflige beaucoup aussi.

CLÉANTE.

Je n'ai jamais été gâté par la fortune,
aucun revers ne peut m'étonner.

ARLEQUIN.

J'avois espéré que nous ne nous quit-
terions jamais, et que ton mariage avec
Nérine te fixeroit dans ma maison pour
toujours : mais tout est changé.

CLÉANTE.

S'il n'y a que ce mariage de rompu,
je suis trop vrai pour vous cacher qu'il
ne pouvoit pas avoir lieu.

ARLEQUIN.

Hélas! je me suis donc trompé dans
cela comme dans bien d'autres choses.
Mais ce qui me coûte le plus à te dire,
ce qui me cause le plus de chagrin,
c'est que je suis forcé de te demander
un service.

CLÉANTE.

Ah! monsieur! ordonnez, parlez;
que faut-il faire?

ARLEQUIN.

J'en suis bien fâché, j'en suis déses-
péré; mais il faut que tu aies la bonté
de t'en aller.

CLÉANTE.

De quitter votre maison?

ARLEQUIN.

Oui, mon cher ami.

CLÉANTE.

Ai-je eu le malheur de vous déplaire?

ARLEQUIN.

Au contraire, je t'ai voué la plus tendre amitié; je ne sais même comment
je ferai pour me passer de ta société:

ton esprit, ton travail, me sont agréables et nécessaires ; je t'estime, je t'aime, je sens mieux que personne tout ce que tu vaux : mais, quoi qu'il puisse m'en coûter, il faut, mon cher ami, que tu t'en ailles.

CLÉANTE.

Ai-je offensé quelqu'un dans votre maison ? vous a-t-on fait quelque plainte ?

ARLEQUIN.

Pour cela, il s'en faut bien ; tu es doux, serviable, toujours prêt à obliger, tu n'as de querelle avec personne que pour leur éviter de la peine ; aussi, tout le monde s'intéresse à toi, tout le monde t'estime et te chérit : hélas ! c'est à cause de cela qu'il faut que tu t'en ailles.

CLÉANTE.

Permettez-moi de vous représenter, monsieur, que tout ce que vous me dites, a l'air de la plus cruelle ironie. Vous êtes le maître de me faire quitter votre maison ; mais pourquoi m'insulter, en me rendant malheureux ? Mon respect, ma tendresse pour vous, ne méritoient pas ce traitement, et je ne devois pas m'attendre....

ARLEQUIN.

Moi, t'insulter ! mon cher ami ! comment peux-tu l'imaginer ? Je te répète que je t'estime comme moi-même ; que je donnerois la moitié de mon bien pour passer ma vie avec toi ; que tu m'as inspiré, dès le premier jour où je t'ai vu, une amitié, un attachement, qui m'arrachent des larmes dans ce moment-ci, parce qu'enfin il faut que tu t'en ailles, vois-tu.... il le faut absolument. J'en pleure ; mais il le faut. Laisse-moi t'embrasser pour la dernière fois. (Il l'embrasse en sanglottant.) Adieu, mon ami, mon bon ami ! je te regretterai toute ma vie ; mais va-t'en le plutôt que tu pourras. Adieu, adieu : compte sur moi pour toujours ; mais que je ne te revoie plus.

(Il sort en pleurant.)

SCÈNE XV.

CLÉANTE, seul.

QUE signifient ces pleurs et ce congé,
ces protestations de tendresse et l'ordre
de quitter sa maison? Suis-je découvert? me suis-je perdu? Ah! je ne
sais rien, si ce n'est que je suis le plus
malheureux des hommes.

SCÈNE XVI.

CLÉANTE, NÉRINE.

NÉRINE.

QUE s'est-il donc passé? Monsieur
Arlequin vient de rentrer chez lui tout
en larmes, et il m'a dit de venir vous
consoler.

CLÉANTE,

Il m'a ordonné de quitter sa maison
dès ce moment; il m'a embrassé, m'a
juré une éternelle amitié, et m'a défendu de reparoître ici.

NÉRINE.

NÉRINE.

Je n'y comprends rien. Et qu'allez-vous faire?

CLÉANTE.

Obéir, Nérine! Je n'y survivrai pas; mais je partirai. Ah! du moins, puis-je compter que tu parleras quelquefois de moi à ta maîtresse? Tu connois mon cœur; tu pourras lui répondre que jamais on ne l'aimera comme je l'aime; tu lui raconteras tout ce que j'ai fait, tout ce que j'ai pensé, tout ce que j'ai souffert pour elle; peut-être donnera-t-elle quelques larmes à mon sort.

NÉRINE, pleurant.

Hélas! que nous sommes malheureux! D'abord, vous pouvez compter sur moi jusqu'à la mort.

CLÉANTE.

Tu es la seule dans le monde qui se soit intéressée à moi. Un de mes plus grands malheurs, c'est de ne pouvoir reconnoître ton amitié: prends du moins ce diamant; c'est le seul bien que m'a

A.   S

laissé ma mère, le seul dont je puis disposer : jamais il ne m'a été si cher que
dans ce moment où je peux te l'offrir.

NÉRINE.

Eh ! monsieur ! je n'ai pas besoin de
diamant, et j'ai besoin de vous voir
heureux. Ne vous en allez pas ; dites
qui vous êtes : que risquez-vous ? Tout
est perdu ; vous n'avez rien à ménager.

CLÉANTE.

Si je me découvre, Nérine, crois-tu
que Nisida et son père me pardonnent
de m'être introduit ici ? Ils m'accable-
ront de leur colère, au lieu que j'emporte peut-être leur pitié. Cependant...

SCÈNE XVII.

ARLEQUIN, CLÉANTE, NÉRINE.

ARLEQUIN, un papier à la main.

JE te demande pardon, mon cher ami,
de venir te tourmenter encore ; mais

la douleur de te perdre m'avoit tellement troublé la cervelle, que je n'ai pas
songé à t'offrir une légère marque d'a-
mitié. Prends ce billet, mon pauvre
Cléante ! et regarde-le, non comme la
récompense de tes services, mais comme
le bienfait de ton ami.

C L É A N T E.

Eh quoi! monsieur, vous me mettez
au désespoir en m'assurant que vous
m'aimez; vous me punissez en disant que
je suis innocent : et vous venez m'offrir
des secours ! Non, monsieur, je ne peux
pas les accepter.

A R L E Q U I N.

Ah ! Cléante ! ce n'est pas bien, et
je ne mérite pas ce refus.

C L É A N T E.

Il m'est affreux de vous déplaire ; le
Ciel m'est témoin que rien au monde
ne m'est cher au prix de votre amitié :
mais une raison invincible me défend
d'accepter vos bienfaits.

S 2

ARLEQUIN.

Quelle est cette raison? Il ne peut pas
y en avoir de bonnes pour affliger les
gens qui nous aiment.

NÉRINE.

Allons, monsieur, parlez : voilà le
moment.

ARLEQUIN.

Que dis-tu? Nérine !

NÉRINE.

Je l'exhorte à vous ouvrir son cœur:
votre franchise, votre bonté, doivent
l'encourager. D'ailleurs, vous avez trop
bien aimé madame Argentine pour ne
pas pardonner les fautes que fait com-
mettre l'amour.

ARLEQUIN.

L'amour?

CLÉANTE.

Oui, monsieur ! apprenez tout. Je ne
suis point ce que vous me croyez. Une
passion violente, profonde, pour mademoiselle votre fille, s'est emparée de
moi depuis plus d'un an ; désespérant

de m'introduire chez vous, je me suis présenté pour être votre secrétaire. Voilà mes crimes, punissez-moi.

ARLEQUIN.

Comment ! vous avez abusé de ma crédulité, pour venir séduire ma fille, pour oser...

NÉRINE.

Ah ! monsieur ! je suis témoin qu'il ne lui a jamais parlé d'amour.

ARLEQUIN.

En a-t-il moins risqué de la perdre de réputation ? Si l'on sait, comme il est impossible qu'on ne le sache pas, que vous avez passé six mois dans ma maison, avec la liberté de voir, de parler à ma fille à toute heure ; qui voudra croire au respect que vous avez eu pour elle ? Ma pauvre Nisida sera punie de la faute que vous avez seul commise. Et voilà le prix de l'amitié que j'avois pour vous ! vous déshonorez ma vieillesse, vous rendez ma fille mal-heureuse, vous empoisonnez mes derniers

S 3

jours tandis que je ne m'occupois que
de rendre les vôtres heureux !

CLÉANTE.

L'amour seul est mon excuse ; et
cet amour...

ARLEQUIN.

Ingrat que vous êtes ! pourquoi ne
pas me le dire ? pourquoi préférer la
peine de me tromper, au plaisir de
m'ouvrir votre cœur ?

CLÉANTE.

Vous ne m'auriez pas permis de
l'aimer.

ARLEQUIN.

Quel étoit donc votre espoir ?

CLÉANTE.

De vous plaire en vivant avec vous ;
de m'attirer votre estime et vos bontés ; d'attendre, en vous aimant, que
votre cœur me jugeât digne d'être aimé ;
et quand, à force de respect et de tendresse, j'aurois été certain d'un peu d'a-
mitié, alors je n'aurois pas craint de
vous découvrir mes sentimens ; alors,

ma pauvreté, mes malheurs, tout ce qui m'empêchoit de parler, seroient devenus des motifs d'espérance : je vous aurois raconté mes chagrins; votre ame sensible se seroit émue, vous auriez écouté l'aveu de mon amour, non comme le père de Nisida, mais comme l'ami d'un malheureux.

ARLEQUIN.

Qui êtes-vous donc ? Parlez, expliquez-vous.

CLÉANTE.

Je suis le fils d'un homme de qualité, et j'ai payé bien cher ce funeste avantage. Abandonné par mon père dès les premiers jours de ma vie, victime des fautes d'une mère qui dissipa tout le bien qu'on lui avoit laissé pour moi, je me suis trouvé dans le monde, à l'âge où l'on a tant besoin de ses parens, sans fortune, sans guide, sans appui, seul, isolé dans la nature, n'ayant pour tout bien que la connoissance de mes malheurs, et n'osant pas même porter le nom d'un père qui m'avoit ôté sa tendresse avant que j'eusse vu le jour.

NÉRINE.

Monsieur, vous vous attendrissez....

ARLEQUIN.

Point du tout, mademoiselle !... Eh bien ?

CLÉANTE.

Ce n'est pas tout. A l'instant où un ancien ami de mon père alloit s'employer auprès de lui pour m'obtenir la permission de l'aller embrasser, (et c'eût été la première fois de ma vie ,) nous apprîmes que mon père étoit mort en Italie, et qu'il avoit laissé toute sa fortune à un étranger.

ARLEQUIN.

A un étranger?... Quel soupçon !

CLÉANTE.

Voilà sur quoi je fondois l'espérance de vous intéresser un jour. Cette fatale illusion m'empêcha de sentir que je vous offensois, Ah ! du moins, ne me refusez pas mon pardon, c'est à vos genoux que je le demande. (Il se met à genoux.)

ARLEQUIN, ému.

Répondez-moi : Comment s'appeloit votre père?

CLÉANTE.

Le comte de Valcour.

ARLEQUIN.

Le comte de Valcour?

CLÉANTE.

Oui, monsieur ! j'ai les preuves....

ARLEQUIN.

O ciel! vous, le fils de mon bienfaiteur !... Ah! relevez-vous, monsieur, relevez-vous; c'est moi qui vous dois du respect.

CLÉANTE.

Quoi ! vous l'avez connu?

ARLEQUIN.

Si je l'ai connu ! Et vous êtes son fils? Ah! mon ami! (Il embrasse Cléante.) mon cher ami! je dois tout à votre père: je l'ai aimé pendant quinze ans : c'est moi qu'il a fait héritier de toute sa for-

tune : graces au Ciel ! c'est moi qui ai
tout votre bien ; et c'est fort heureux
pour vous , mon cher ami ! car je vais
vous le rendre ; il est à vous, votre
père n'a pu me le donner.

(Nisida arrive.)

SCÈNE XVIII.
ARLEQUIN, CLÉANTE, NISIDA, NÉRINE.

ARLEQUIN.

VIENS , ma fille ! Voilà le fils de celui
qui nous avoit laissé sa fortune; voilà
celui à qui appartient tout ce que nous
possédons. Nous étions riches ce matin,
mon enfant! nous allons être pauvres :
mais il le faut bien ; car sans cela nous
ne serions plus honnêtes gens.

CLÉANTE.

Comment! que dites-vous? Je n'ai
rien à prétendre : le mariage de mon
père ne fut jamais déclaré; et la loi....

ARLEQUIN.

Que me fait la loi ? quand mon cœur
parle, vous voyez bien qu'il me crie que
votre bien n'est pas à moi. Comment!
je serois riche, et le fils de mon bienfaiteur seroit pauvre! Non, mon ami!
non, monsieur! je vais tout vous rendre.
Mais je vous supplie d'assurer de quoi
vivre à ma fille : je mourrois de douleur
si je la laissois dans l'indigence ; et puisque vous êtes le fils du comte de Valcour , vous ne le souffrirez pas.

CLÉANTE.

Votre fille! ô ciel! Eh bien, oui, je
reprends ma fortune, mais c'est pour
la mettre à ses pieds. Et vous , digne et
vertueux homme, qui n'hésitez pas à
vous dépouiller de vos biens dans la
crainte de me voir malheureux! je le
serai toute ma vie , et vous n'avez rien
fait pour moi, si vous me refusez votre
fille.

ARLEQUIN.

Quoi! vous voudriez....

CLÉANTE.

Je veux retrouver mon père ; vous seul pouvez le remplacer.

ARLEQUIN.

Mais je ne demande pas mieux : et je vais même te dire un secret qui te fera plus de plaisir que d'avoir retrouvé ta fortune ; (à voix basse) c'est que je ne te renvoyois de chez moi que parce qu'elle m'avoit avoué qu'elle étoit folle de toi. Ne lui dis pas que je te l'ai répété.

CLÉANTE.

Ah ! Nisida ! vous m'aimiez donc ?

NISIDA.

Heureusement je l'ai dit ce matin.

NÉRINE.

Graces au Ciel ! tout est arrangé ; et j'en pleure de joie.

ARLEQUIN.

Ma chère Nérine, tu vois bien que je ne peux plus te donner Cléante selon mes premiers projets ; mais tu me permettras de doubler la dot que je te destinois, et tu resteras avec nous pour être la bonne amie de la famille. Quant à vous, mes enfans, vous allez être unis, et vous serez sans doute heureux : mais souvenez-vous bien qu'aucun plaisir dans le monde ne vaut celui de faire son devoir d'honnête homme et de bon père.

FIN DU TOME PREMIER.

Insulaires altiers!
oyez autour de lui, sous ces voûtes sacrées,
rrer de vos vainqueurs les ombres révérées
    Et les mânes guerriers.

u milieu d'eux paraît Turenne, leur modèle,
ui voit de ce grand jour la pompe solennelle
    Consacrer ses exploits;
urenne, dont la cendre et la noble mémoire
ppartiennent bien plus au temple de la Gloire
    Qu'à la tombe des rois!

llons, braves soutiens de la France outragée,
ldats républicains, que l'Europe vengée
    Vous doive son repos!
rez-lui que l'Anglais, auteur de ses alarmes,
a, loin de ces bords, exilé par vos armes
    Sur l'abîme des flots.

CHŒUR DE GUERRIERS.

Nous le jurons par la mémoire
De nos frères morts sous nos yeux;
Par ces drapeaux que la Victoire
Suspend à ces murs glorieux:
Oui, l'ennemi qui nous offense
Verra fermer à sa puissance

www.ingramcontent.com/pod-product-compliance
Lightning Source LLC
Chambersburg PA
CBHW071939090426
42740CB00011B/1750